eビジネス新書

No.334

週刊東洋経済

日本史における天皇

週刊東洋経済eビジネス新書　No.334

日本史における天皇

本書は、東洋経済新報社刊『週刊東洋経済』２０１９年９月１４日号より抜粋、加筆修正のうえ制作しています。情報は底本編集当時のものです。（標準読了時間　９０分）

日本史における天皇　目次

現代と歴史上の天皇

日本史を振り返ると、天皇は、政治の表舞台での主役として、また政治的な実権を失ったときは名目上の権力者として、この国に関わってきた。明治憲法の下では統治権を総攬（そうらん）する君主として、そして日本国憲法の下では、国と国民統合の象徴として、歴史の節目でその地位は変化してきた。また最新の歴史学では、歴史上の天皇についての理解も変わってきている。

新たな天皇と令和の時代を迎えたいま、〝天皇から見た日本史〟の最新の研究成果をみつつ、国のあり方についても考えてみよう。

天武・持統天皇　国の基礎をつくった天皇夫婦

国立歴史民俗博物館　教授・仁藤敦史

天皇は、いつ、どのような背景で成立したのか。現在では、7世紀後半、律令国家の形成期に位置づけられる天武天皇と、その皇后、持統（じとう）天皇の時代に、従来の大王号から天皇号への転換がなされたとする説が有力である。

旧来の大王号は、ほかの王族や豪族にも「我が君」や「おおきみ」の呼称が用いられている例があることから、君主号として未成熟だった。対して天皇号は、天皇をほかの君主と明確に区別された排他的存在に変更した点に特徴がある。中国の「皇帝」と対置することで、対外的にも皇帝の冊封（さくほう）を受けた新羅王（しらぎおう）より優位な「東夷（とうい）の小帝国」の君主として自らを位置付けようとしたのだ。

空間と時を支配する天皇

とくに画期的だったのは、天皇が「空間と時間の中心」に位置する君主として打ち出された点だ。天皇という言葉は、北で動かない北極星を意味するとの説が有力であり、空間の中心を象徴する。この思想と深く連関するのが、都城（とじょう：都としての地域）と大極殿（だいごくでん）の成立である。

天皇の後継者争いである壬申（じんしん）の乱で、天武は伊勢、関ヶ原を巡幸し、神の庇護を喧伝して豪族を従えた。乱に勝利し、敵対勢力を一掃すると、ここで初めて天皇の称号を用いた。その後、都を近江から飛鳥に戻した天武は、自らを神に近づけるため、特別な建物を造らせる。それが近年の調査で出現した、『日本書紀』に「大極殿」と記された遺跡である。

宮殿の正殿に当たる大極殿は、天皇が占有する空間だった。大極殿に置かれた高御座（たかみくら）は、天皇と天との唯一の接点として位置づけられ、即位やほかの重要な儀式で、天皇はここに出御（しゅつぎょ）した。

大極殿を中心として、都も秩序あるものへと形を変え始めた。従来の飛鳥の京では、大王宮の周りに豪族が雑然と居を構えていた。対して、藤原京では、豪族や王族が位階の序列に応じて都城の内部に宅地を与えられた。さらに、畿内の外側の支配空間は、都を中心として放射状に敷かれた「七道」により区分されている。

天武は、暦の設定や改元、水時計である漏刻（ろうこく）の導入などにより、時間も支配した。役人の勤務形態や文書には時間の観念や元号が導入され、天皇の一代記という形式で国家の歴史が編纂された。歴史書の編纂を通じて、神話と系譜により天皇の正当性を強調し、唐の皇帝を模した天皇支配の構造を持ち込んだのである。

こうして天武は、『万葉集』に「おおきみは神にしませば」と称されるほど強化された君主権を確立し、これを背景にさまざまな中央集権的政策を進めた。

その1つが官人制の整備だ。天武は大臣を置かず、官司の統括者や諸使節に皇族を重く用いる皇親政治によって、律令国家の早急な建設を目指した。諸豪族には官僚の出身母体になることを求めた。673年、天皇に忠誠を誓う官人として豪族を組織するために、官途に就く以前に大舎人（おおとねり）として一定期間奉仕させることにした。

684年には、真人（まひと）・朝臣（あそん）・宿禰（すくね）などの八色（やくさ）の姓（かばね）を制定し、豪族層の身分秩序を整備。上位四姓を上級貴族の母体とする姓の再編成がなされた。こうして皇親と諸臣を区分し、皇親を上位に置いた冠位制を施行することで、支配層全体の秩序化を進めたのだ。

宗教政策にも力を入れた。現在の皇室に伝わるさまざまな神事や儀式の中には、天武が始めたといわれているものが少なからずある。天皇の即位に際して行われる「大嘗祭（だいじょうさい）」はその1つだ。その年に新たに収穫された穀物を神々とともに食し、皇位の継承を完成させる儀式である。ほかにも、伊勢神宮や広瀬・竜田（たつた）の神が国家的に祭祀されるようになった。国営寺院としての大官大寺の造営、僧尼への統制強化なども進められた。

中央集権国家の建設を進める天武にとって、最大の懸案は後継者の選定であった。そこで行われたのが、679年のいわゆる「吉野の盟約」だ。この場には、4人の天武の皇子に加え、先帝で天武の兄、天智天皇の皇子2人が集まった。天武は、ここで鵜野（うの）皇女（持統）が産んだ草壁皇子（くさかべのみこ）を後継者として指名すると宣言。皇子たちが互いに争わないよう忠誠を確認した。『日本書紀』には、681年に草壁が立太子したとある。

それでも草壁の地位は不安定だった。有力なライバルが大津皇子である。草壁以上に君主としての素質があった。大津の母は、天智の娘である大田（おおた）皇女であり、持統の姉に当たる。後ろ盾となる大田が若くして亡くなっていなければ、即位の可能性は高かったと考えられる。こうした火種を残したまま、689年に天武は皇后と皇太子に後事を託して没してしまう。

天武の遺志を継いだ持統

しかし草壁は、病弱なため天武の葬儀終了の直後に死去する。そこで、草壁に代わって天武の跡を継いだのは、皇后の持統だった。

持統は、天武の喪葬儀礼であるモガリを2年にわたって主宰し、その間に天皇権力を代行するという特殊な形で政治権力を掌握した。天武の死と同年、大津は謀反の疑いをかけられ自害したが、大津の排除も、対等な権力闘争ではなく、正当な権力行使により行うことができたと評価できる。

持統の使命は、天武が描いた律令国家の構想を、着実に実行に移すことだった。その筆頭が、天武の下で681年から編纂が開始された初の本格的な法令「飛鳥浄御原令（あすかきよみはらりょう）」の施行である。690年には、浄御原令中の「戸令（こりょう）」に基づく、初の全国的な戸籍、「庚寅年籍（こういんねんじゃく）」も完成させた。ここで成年男子が平均4人程度含まれるよう編成された戸から、恒常的に1人の兵士を徴発する徴兵制の仕組みが整えられた。

飛鳥の北方に初の本格的な都城「藤原京」も完成。694年には遷都が行われた。藤原京は、唐の都、長安を模倣し、南北（坊）と東西（条）の道路を碁盤の目状に組み合わせた条坊制が採用された。

持統は、位を孫の文武天皇に譲った後も太上天皇として天皇を後見し、政治の実権を握り続けた。そして701年、持統が抜擢した藤原不比等（ふひと）らが編纂した

「大宝令」が制定される。浄御原令の系譜を引きつつも、唐に倣（なら）ったより洗練された法令だった。こうして、天武と持統が2代にわたって諸制度を整備してきた中央集権的な律令国家の形成は、ついに完成の域に達したのである。

仁藤敦史（にとう・あつし）
1960年生まれ。89年早稲田大学大学院博士後期課程史学専攻満期退学。2008年から現職。代表作に、『女帝の世紀』『都はなぜ移るのか』など。

白河天皇　見直される「院政」の意味

東京大学 教授・本郷恵子

平成の天皇が高齢による退位の意向を示されたことを受け、天皇と上皇との権威の二重化、すなわち中世に始まった「院政」が再現される可能性があるのではないかと問題となった。

実際に代替わりが行われてみれば、新天皇の存在感は日々増しており、上記の懸念が杞憂だったことは明らかだろう。ただ、組織の第一線を退いたはずの人が、隠然たる権力を振るい続ける様子を「院政を敷く」と表現するように、近代以降「院政」は、天皇を抑圧するものとしてネガティブに捉えられてきた。はたして本当なのか。「院政」開始の事情、その歴史的な意義を振り返ってみたい。

院政とは、譲位した天皇（太上（だいじょう）天皇）が、新天皇に対する父権を根拠として政務を主導・代行する方式である。太上天皇は、その御所の名称である「院」を転用して、院と通称されることが多い。院の地位は天皇に準じ、潜在的には天皇と同等の権力を持つと考えられていた。

院政への道は、1068年即位の後三条天皇によって開かれた。彼は約170年ぶりに現れた、摂関家の娘を母としない天皇である。娘を入内（じゅだい）させ、その娘の生んだ子を天皇に据えることによって権力を維持してきた摂関家は、天皇の后となり、母となる娘を確保することができなくなっており、後三条天皇の登場を容認せざるをえなかったのである。

35歳と、幼帝が多かった当時にしては年を重ねてから即位した後三条は、積極的に新しい政策を打ち出した。1069年に発した「延久（えんきゅう）の荘園整理令」は、中世社会の通念となる文書主義、および土地制度・生産体制の基本である荘園公領制の成立を促した。

天皇位の継承についても、後三条は明確な方針を示した。即位後4年半ほどで、第

1皇子の貞仁（さだひと：白河天皇）に譲位し、その弟の実仁（さねひと）を皇太弟とした。貞仁の母は摂関家の養女だが、実仁の母は源氏の出身である。後三条の狙いは、摂関家との縁からできるだけ遠ざかることだ。わずか2歳の実仁をいきなり天皇に立てるのは難しいと考え、まず貞仁を中継ぎに採用したのである。

天皇が父権に基づいて次代・次々代の後継者を決める例は、後三条が端緒を開いた。それまで天皇の後宮や皇位継承は、母系に連なる摂関家の管理下にあり、摂関家は政治的・経済的に天皇を支える後見として権力を握った。それが後三条以降は、天皇家内部の父系原理が優勢となり、天皇家は摂関家からの自立を獲得した。院政を敷く院は家長であるとともに、天皇の後見となったのだ。

天皇家略系図

藤原摂関家と血が薄い天皇が「院」になり、政治の実権を握った

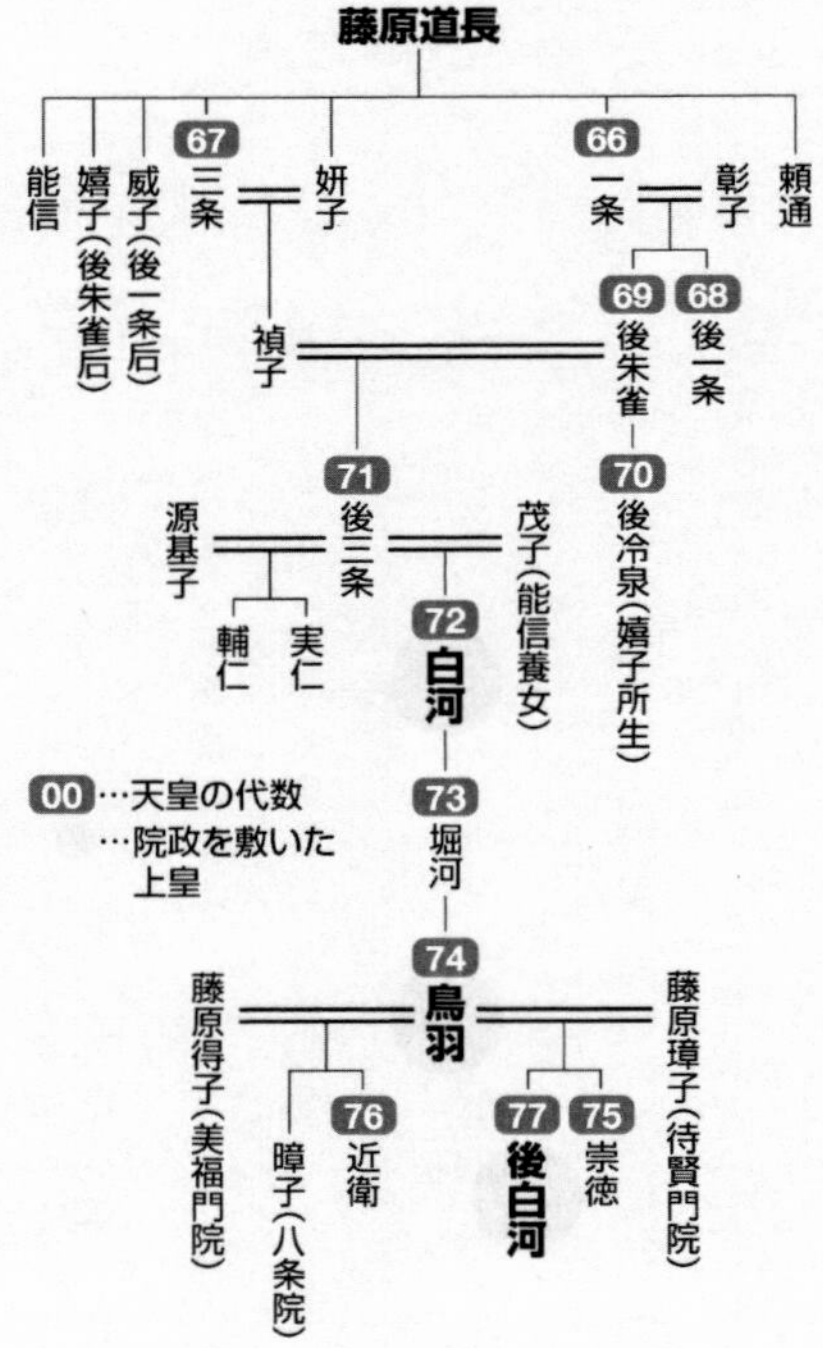

天皇3代に君臨した白河

残念ながら、後三条は譲位後3カ月余りで崩御してしまう。新しい支配の形を創出するのは次代の白河天皇の役割となった。白河は、父にあてがわれた中継ぎの地位に満足せず、実仁の病死を好機として1086年に譲位、わが子の善仁（たるひと）を即位させる（堀河天皇）。そして40年以上にわたって権力をほしいままにし、堀河・鳥羽・崇徳と3代の天皇の上に君臨した。彼こそが、院政の開始者に位置づけられる。

もっとも、白河が譲位した第1の目的はわが子への直系継承を実現することであり、初めから院政を意図したわけではない。だが院政の創出により、天皇とその権力の運用は、格段に自由度を増した。

院政は、政務の運営について新しい回路を開いた。天皇による政治判断は、政務と儀式が一体化した緻密で厳粛な手続きを踏む必要があり、たいへんな時間と手間を要する。一方、院は形式や伝統に束縛されず、裁可を行うことができる。地方に胎動するエネルギーの伸長、寺社勢力による強訴（ごうそ）、武士の中央への進出など、社会が中世へと再編されていく切迫した状況下では、院の速やかな判断が必要だった。天皇の伝統的役割を温存したまま、新しい時代に対応するために、天皇と院との複線的体制は非常に効果的に機能したと考えられる。

白河はまた、直系継承の道筋をシンプルにするため、後継者以外の子女を整理する方策をとった。男子は出家させて「法親王（ほっしんのう）」という地位を与え、宗教界から院権力を支援させる。女子は非婚のまま、とくに寵愛する女子に対しては女院（にょいん）号を宣下（せんげ）して、特別な待遇を与える。後継者を確保しつつ、皇族の規模の拡大を抑えるスタイルは、前近代を通じて踏襲されていく。

1129年に白河院が77歳で崩御した際、彼に与えられた人物評は次のようなものだ。「決断が早く、賞罰が明確、好悪が激しく、天下の秩序を破った」。白河は旺盛な生命力を裏付けに朝廷の人事権を一手に握り、自身の好悪や感情に任せて、それを振るった。先例を無視するやり方は批判も呼んだが、家柄などにとらわれず新しい才能を発掘し、貴族社会の構造を変える結果を生んだ。

院は、天皇となる息子や孫の后、近臣団についても思いどおりに配置しようとする。しかし息子世代も、父の構想に従うばかりでなく、自分なりの希望を通したい。白河の孫に当たる鳥羽天皇は、白河から与えられた藤原璋子（しょうし）と、自分で選んだ藤原得子（とくし）との2人の后を持った。2人の女性は、鳥羽との間に複数の子を成し、両者のもとにはそれぞれの親族を中心とする勢力が形成され、皇統が二分されかねない状況が生まれた。院と天皇との齟齬（そご）は、時に深刻な政治的影響をもたらし、内乱をも招いた。同時に、院政の主宰者が世代交代するたびに、独自のリーダーシップを築く原動力にもなったのである。

126代にわたる天皇の歴史の中で、善悪・正否・虚実などのすべての価値観は、つねに反転する可能性を持っていた。天皇家は、天皇そのものを更新するのではなく、院政を伴走させることによって中世を主導する活力を確保したのである。全国的な内乱や武家政権との対峙などに翻弄され、天皇の権威は明治維新に至るまで脅威にさらされ続ける。院政がもたらした柔軟な体制は、天皇制と天皇家が困難な状況に立ち向かい、やりすごし、生き延びるための力を用意したと考えられる。

本郷恵子（ほんごう・けいこ）
1960年生まれ。東京大学大学院博士課程単位取得退学。10年に東京大学史料編纂所教授（日本中世）。代表作に『京・鎌倉　ふたつの王権』（小学館）、『院政』（講談社現代新書）。

後醍醐天皇　独裁者と文化人　多面的な顔

福岡大学 教授・森　茂暁

日本の中世に登場する天皇で、後醍醐天皇（1288～1339年）は後鳥羽天皇（1180～1239年）とともに歴史に大きな足跡を残している。

後鳥羽天皇は鎌倉幕府と対立し兵を挙げたものの敗れ（承久の乱）、隠岐に配流（はいる）され亡くなった。一方の後醍醐天皇は鎌倉幕府を倒した後、天皇親政に乗り出したが（建武新政）、足利尊氏と対立。政権は崩壊し、大和の吉野に逃れ、そこで亡くなった。

両天皇には共通する点が多い。第1に動乱の時代に変則的に即位したこと、第2に鎌倉幕府を倒そうとして失敗し、配流の憂き目に遭ったこと。第3にどちらも天皇の系譜としては傍流であったことである。

反対に決定的に異なるのは、後鳥羽天皇が京都帰還を懇望しながら果たせなかったのに対し、後醍醐天皇は宿敵である鎌倉幕府を倒した点である。

後醍醐が生きた時代、２度の蒙古襲来（１２７４年と１２８１年）を機に幕府の権威は衰え出し、中世社会は揺るぎ始めていた。

朝廷内の内紛に端を発す大覚寺統、持明院統の２つの系統がある中、皇位継承のために幾多の困難と試練を乗り越えなければならなかったが、偶然と幸運を巧みに捉え、公武の信頼を受けて天皇の座に就いた。幕府との協調を旨とする父・後宇多上皇と確執を続けながらも、京都支配で実績を示し、政治家としての自信をつけていった。

天皇家略系図

後醍醐天皇が親政に乗り出す

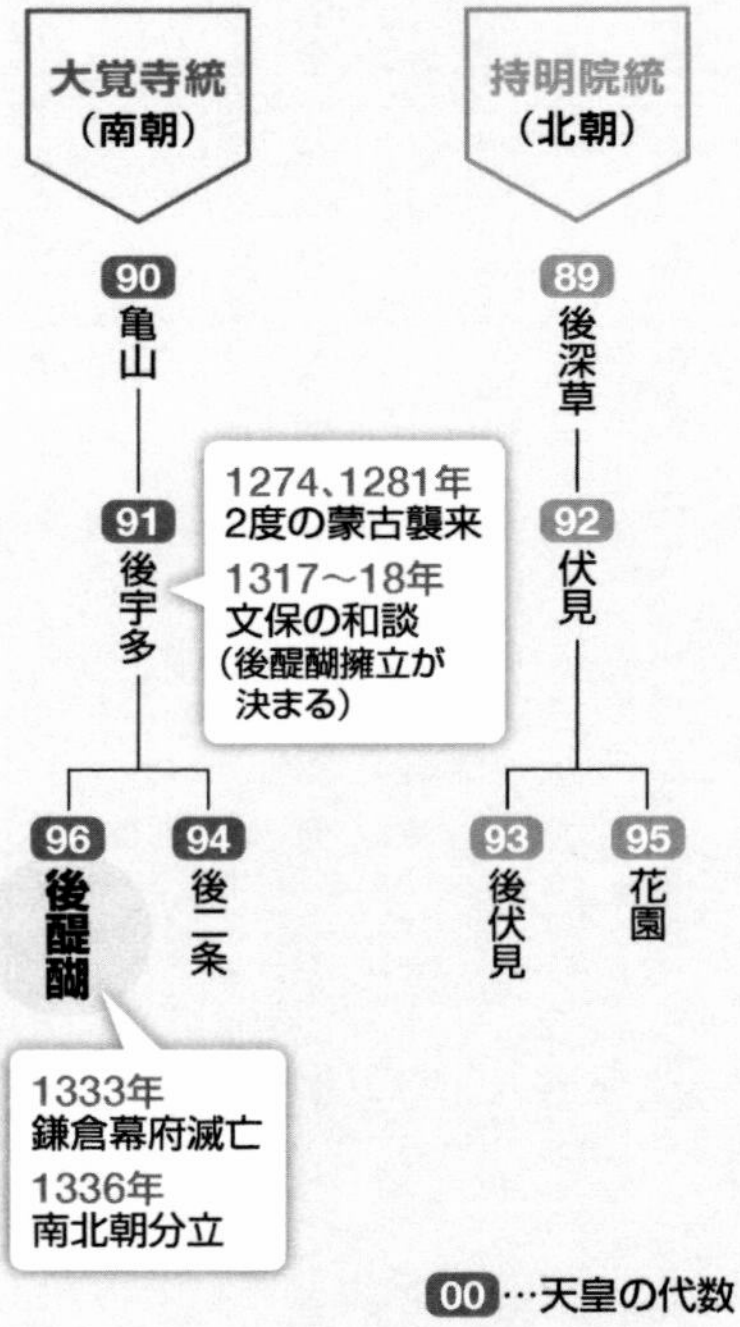

徹底的な天皇独裁

建武新政の特徴は、一言でいうと徹底的な天皇独裁制であった。日本全土を統一的に支配する中央政府は、天皇親政を支えるために組織された。それまで天皇が支配してきた公家社会と、実質的には鎌倉幕府が統括してきた武家社会とを、天皇の支配権の下に統一するという、公武統一政権の性格を有していた。

このため、もともと幕府支配の下での制度であった守護（諸国の御家人の統率者）や地頭（荘園の管理者）の任免権まで天皇が握り、武士の家の惣領（そうりょう）の任命まで天皇の関与がなされ、そのような天皇の命令は綸旨（りんじ）という公文書で下達された。

しかしながらその政治手法はあまりにも性急で拙速だったために、とくに武家階層の不満を招き、間もなく足利尊氏をはじめとする武家勢力の離反によって新政は瓦解することになる。だが、後醍醐の政治理念はやがて室町幕府に継承され、公武統一政権の成立は3代将軍足利義満に至って達成されることになる（義満は武士でありながら公家社会にも深く関わり、公武政権の性格が強い)。
ではこの後醍醐は、これまで史学界でどのような位置づけがなされてきたのだろうか。

戦前に南朝の始祖として顕彰の対象であった後醍醐は、戦後にその反動から歴史研究の対象ではなくなってしまう。1970年代になって実証的な方法による歴史研究が始まり、70年代後半以降、後醍醐研究につながる本格的な南北朝研究が進展する。

この流れを決定づけたのは故・佐藤進一であった。佐藤によって南北朝史研究は初めて学問的骨格を得、学的研究の独立を勝ち取ったといってよい。佐藤は、封建王政を基軸とする中世国家体制の仕組みを初めて構想した後醍醐の専制君主ぶりや、動乱の時代におけるその歴史的役割を明らかにした。

この視点を一層推し進めたのが故・網野善彦であった。網野は多方面にわたる豊かな研究業績を残した。後醍醐研究についても、政治や宗教の側面での新たな視点を通じて従来の後醍醐研究を一層深めた。

網野は後醍醐とほかの天皇との比較において、その特異性を強調して「異形の王権」

と名付けた。このネーミングは建武政権の特徴を言い得て妙ではあるのだが、しかし強調しすぎの感もあり(「異形」「異様」「異常」などの言葉を必要以上に多用)、やがてこのネーミングは、その法服姿の肖像画での風貌も手伝い、後醍醐の特異性を象徴するキーワードとして独り歩きすることとなる。

文化的側面に注目が集まる

他方で、後醍醐の研究は、この30年で確実に進展した。筆者は、これまでも網野の強調する異形性のほかに、いくつも留意すべき点のあることを指摘している。

それは文化的・思想的側面である。具体的には、まず和歌の愛好である。和歌は社会の上層人が等しくたしなむ正統的な文芸であり文化的な素養であったが、後醍醐は優れた歌詠みであった。

さらに音楽・楽器への関心である。音楽も和歌と同様に政治と密接な関係を持つ芸能であった。音楽は単なる娯楽にとどまらず、帝徳として修養すべき自身を荘厳する道具の1つで、後醍醐は天皇家の伝統的な楽器としての琵琶を好み、見事に演奏もこなしている。また、笛も好んだ。つまり、政治感覚に優れた芸能人であった。

後醍醐は、宋学（そうがく）（君臣間の秩序を重視する儒学の一派。朱子学）や『源氏物語』（平安中期の宮廷物語文学）にも関心を示した。鎌倉幕府を倒すための思想的な支えにするためだと考えられている。

さらに中国文物への関心も高く、唐物（からもの）（舶来品）を愛好し、摂津の住吉社の造営資金を得るために中国に船（唐船）を派遣したこともある。海外へは強い関心を持ち続けた。後醍醐の歴史的な評価のためには、こうした諸側面を総合的に考察する必要がある。

日本史研究は新しい事実の発見によって著しく刷新されつつあり、後醍醐についても、通説の見直しが迫られている。最近の知見を1つだけ付け加えよう。

それは後醍醐と足利尊氏との人間関係である。両者はこれまで理解されてきたような単純な対立関係にはなかった。尊氏はつねに後醍醐を敬愛していたし、後醍醐没後は、追慕や痛恨の念にさいなまれていたことがわかっている。

それは尊氏が軍勢を催促するために発した文書に後醍醐を指弾するような文言のないこと、また尊氏は没するまで「尊氏」(「尊」は後醍醐から賜った偏諱(へんき))という表記を用いていることなどから推測される。その関係性は新たな見直しが進んでいるのだ。

森　茂暁(もり・しげあき)
1949年生まれ。九州大学大学院博士課程退学。専攻は日本中世史。主著に『建武政権』『後醍醐天皇』『皇子たちの南北朝』『太平記の群像』『足利尊氏』など。近著に『懐良親王』。

光格天皇　密かに幕末への流れを用意

東京大学名誉教授・藤田　覚

江戸時代に在位した天皇は後陽成（ごようぜい）から明治まで16人いるが、皇位継承は順調ではなく、明正（めいしょう）・後桜町（ごさくらまち）の女性天皇2人、閑院宮（かんいんのみや）家の王子から養子になった光格天皇など、やっとのことで皇位をつないできた。生前譲位が常態の江戸時代、譲位は幕府の許可制であり、在位中に死去すると後継の決定も幕府の承認が必要で、皇位継承すら幕府の許可が必要だった。また江戸時代、天皇に残された権限といわれた①官位授与、②改元、③暦作成も、武家官位は将軍の決定を認証するだけ、改元は朝廷が出した候補のうちから幕府が決定、暦は実質的に幕府天文方（てんもんがた）が作成など、いずれも幕府が権限を握っていた。すなわち、「すべて武家が取り仕切る世」（後水尾（ごみずのお）天皇）だったのである。

しかし天皇は、①徳川家当主を征夷大将軍に任命、②徳川家康に東照大権現号を授与して神格化し、東照宮へ勅使を派遣して荘厳化、③将軍死後の院号の選定、④将軍の決定とはいえ諸大名を格付けする官位授与など固有の権能を持ち、将軍・幕府にとって不可欠の存在であり続けた。

18世紀に入ると天皇、上皇の若死にが続き、皇位継承は綱渡りのようになった。桜町上皇が1750年に31歳で亡くなったとき、桃園（ももぞの）天皇はまだ10歳だった。その桃園が22歳で亡くなり後継皇子は当時5歳で病弱だったため、桃園の姉である後桜町が皇位についた。ある公家はこの異例の継承を王道の衰退と憤慨した（「嗚呼末代王道衰弊（ああまつだいおうどうすいへい）の時」『定晴（さだはる）卿記』）。

その後、後桃園は後継皇子がいないまま22歳で亡くなり、閑院宮家から養子（後の光格天皇）を迎え際どく皇位をつないだ。同じ公家は、近年の皇統はかすかな細い糸のようで、まして今回は皇統断絶の危機を迎え、天皇・朝廷の衰退・衰微を深刻に憂慮した。

閑院宮家の王子でしかも生母は浪人、町医師の娘という兼仁（ともひと：光格天皇）が後桃園の養子になり、1779年に9歳で践祚（せんそ）した。天皇になるはずのない宮家の王子という傍系から皇位についたのはまさに青天の霹靂（へきれき）であり、「不測の天運」だと自ら言うように、傍流意識を強く持ち続けた。その一方で、「天下万民をのみ慈悲仁恵に存じ候事、人君（じんくん）なる物の第一のおしえ」と書く君主意識、「神武（じんむ）百二十世兼仁」など連綿たる皇統につながる者という皇統意識、「大日本国天皇兼仁」と書くような天皇意識も強かった。後桜町上皇、父・閑院宮典仁（すけひと）親王や実兄らの指導の下、学問、和歌、音楽など天皇が身に付けるべき「諸芸能」の鍛錬を熱心に積んだ。江戸時代の天皇は20歳になると、官位や朝廷内に起こる諸課題などの朝廷政務を関白（かんぱく）の補佐を受けながら処理した。ところが光格は、補佐すべき関白が病気のため禁裏御所に出仕できなかったという特殊事情もあり、異例にも16歳ごろから近臣の助けを借りながら積極的に朝廷政務を主導し始めた。

天皇家略系図

今上天皇につながる光格天皇

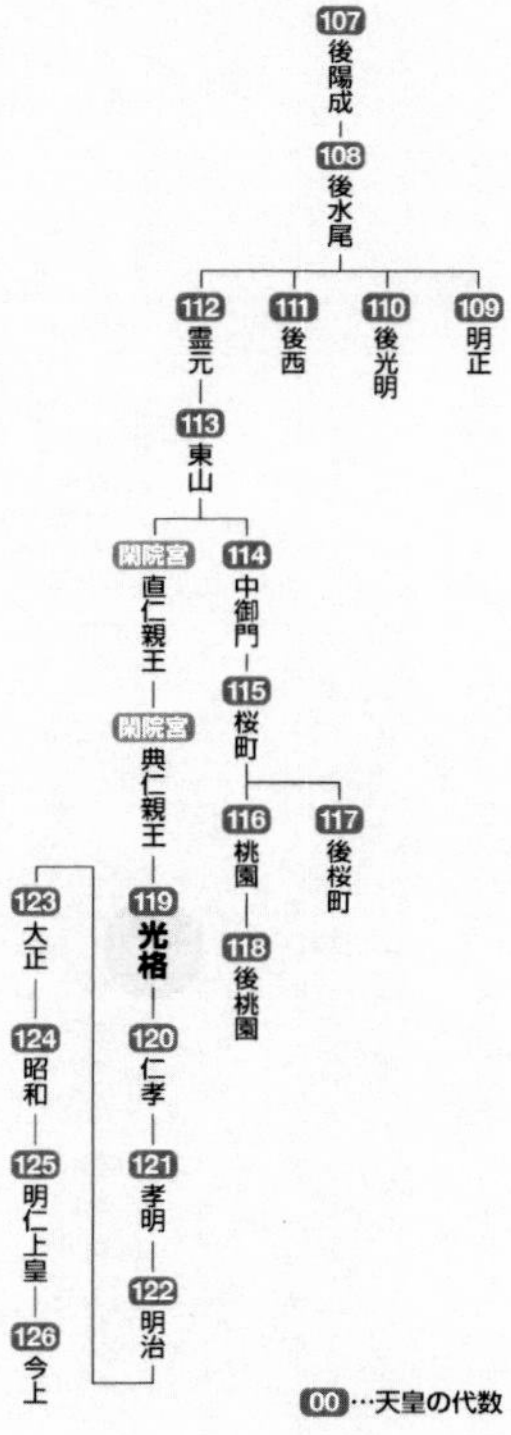

明治維新につながる

光格が在位中に取り組んだのは、朝儀（ちょうぎ：朝廷儀式・神事）の再興・復古だった。それは、衰退した天皇・朝廷の権威を回復させるものだった。16歳の1786年11月1日（陰暦）に、朔旦冬至旬（さくたんとうじのしゅん：11月1日が冬至に当たる日に天皇が群臣に酒と肴を賜って祝う）を337年ぶりに再興させたのを皮切りに、翌年に大嘗会（だいじょうえ）を復古的な形式で挙行し、1791年に禁裏御所に神嘉殿（しんかでん）を造営し、毎年11月に行われる最も重要な朝廷神事の新嘗祭（にいなめさい）を天皇親祭の古い形式に復古させ、1813年に石清水（いわしみず）八幡宮臨時祭、翌年に賀茂（かも）社臨時祭を約380年ぶりに再興させた。

中でも御所の復古的造営は特筆される。1788年1月、京都大火により禁裏御所が焼失した。光格は朝儀の威儀を正すため、紫宸殿（ししんでん）と清涼殿（せいりょうでん）を平安時代の内裏と同じ規模・様式に造営し、紫宸殿前庭を囲む回廊を造ることを幕府に要求した。財政難の幕府は、焼失前と同じ御所を時間をかけて造営する方針を立て、老中・松平定信を上京させて説得したが、結局は光格の要求どおりに造営した。平安時代と同じ豪壮で威容を誇る紫宸殿・清涼殿は人々を驚かし、天皇・朝廷権威の上昇を象徴するものになった。

光格は1787年6月、天明の飢饉による米価高騰に苦しむ窮民の救済を幕府に申し入れたり、幕府が天皇・朝廷を畏れ敬うようにするべきだと指示したり幕府へ強い姿勢を取った。朝儀の再興復古、御所の復古的造営も光格の強い姿勢の成果である。だが、実父・閑院宮典仁親王に太上（だいじょう）天皇の尊号（そんごう）を贈ろうとした際、幕府の反対にもかかわらず強行しようとして幕府との間に強い軋轢を生み、尊号宣下（せんげ）の取り下げと幕府による公家3名の処罰という結末に終わった（尊号一件）。

朝廷衰微、「皇統微々、縷（いと）のごとし」と公家が慨嘆（がいたん）したほどの天皇・朝廷の衰退の中で天皇になった光格は、幕府へ強い姿勢で交渉に臨み、さまざまな朝儀の再興復古、復古的御所の造営を実現させることで天皇と朝廷の権威回復・上昇を実現させた。江戸幕府の権力・権威の翳（かげ）りもあり、将軍家斉（いえなり）と一族の官位を前例のない高さに引き上げて、将軍・幕府の権威回復に協力するなど、幕府に頼りにされる存在にすらなった。

1840年11月に70歳で亡くなり、幕府と交渉のすえ死後の称号を「光格天皇」と贈られた。天皇の死後の称号は長く院号（後醍醐院など）だったが、生前の功績をたたえる諡号（しごう：光格）と天皇号を備えた称号が、光孝（こうこう）天皇以来954年ぶりに再興され現代までの伝統になった。日本社会の権威秩序の頂点（「極尊」）である天皇号の再興に象徴される光格が切り開いた天皇権威の上昇は、孫の孝明（こうめい）天皇の代に幕府が日米修好通商条約の勅許を求めるまでに至り、天皇が幕末政治闘争の焦点になる契機となった。その意味で、光格による天皇権威強化の取り組みは明治維新の起点になったといえよう。

藤田　覚（ふじた・さとる）
1946年生まれ。東北大学大学院単位取得退学。『幕末の天皇』（講談社学術文庫）、『天皇の歴史6　江戸時代の天皇』（講談社学術文庫）、『光格天皇』（ミネルヴァ書房）など著書多数。

明治天皇「日本の近代化」を体現

川村学園女子大学 教授・西川 誠

明治天皇は崩御するとすぐに、「明治大帝」と名付けられた本が刊行された天皇であった。大帝という言葉には、国民が抱く、近代国家の君主としての畏敬の念と、明治になって発展した国民自らの矜持が感じ取れる。

江戸時代の天皇は、庶民にとってはその存在がなんとなく知られている程度であり、武士をはじめとする知識階級にとっては、文雅の人、あるいは祭祀をつかさどる存在であったろう。

日本の近代は幕末、外圧によって始まった。外国の脅威に対抗するために日本らしさが考えられ、「天皇による統治の継続」が発見される。幕府の対外政策が批判され、天皇が将軍に政治を委ねたという大政委任論が強まって、天皇と朝廷の政治が望まれた。幕府を倒した新政府は、天皇中心の政府、天皇が親政を行う政府であることが求められた。

しかし江戸時代の天皇はあくまでも京都の文雅の存在であった。そのあり方を変えなければならない。新政府の大久保利通は、鳥羽伏見の戦い（1868年）の後、宮中に閉じこもる天皇から人々の前に現れ、ありがたいと思われる天皇への変換をいち早く唱えた。

京都の御所から天皇を切り離すため、大阪遷都という荒療治が提案される。反対があって大阪への行幸となったが、大阪湾で観艦式が行われた。民衆と軍に直接姿を見せることは、江戸時代の天皇の行動と、懸け離れたものであった。やがてこの動きは東京行幸につながる。行幸と奠都（てんと）は天皇が近代国家の君主になる転換点になった。

明治天皇は行幸を通じて人々の前に姿を見せる。1871年の廃藩置県以後は政府の近代化を体現する。髷（まげ）を切り、洋装で、さらには軍服で、政府の近代化施設や軍事施設を巡検する。72年以後の六大巡幸では、全国の人々の前に近代国家の君主として登場した。そして、おそらく好奇心から望まれた新しい行動を取った。行動の意義についてレクチャーは受けていたが、二十歳前後の明治天皇は突き詰めて考えていなかったろう。

政治に関わる天皇

では明治天皇は、いつから自分のあり方を自省するようになったのだろう。

1つのきっかけは77年の西南戦争であった。明治天皇のそばに西郷隆盛がいた期間は約2年だったが、天皇は西郷を親しく見ていた。その西郷が、政治方針で対立して政府を去り、西南戦争で敗れ亡くなる。明治天皇はかなり落胆した。政治の非情さが身に染みる。加えて、木戸孝允が死に、大久保が暗殺される。君主としての行動について思いを巡らす。

ちょうどその頃、天皇の政治的教育係として、侍補（じほ）が置かれた。佐佐木高行や元田永孚（もとだながざね）といった儒教的道徳を重んずる人たちで、君主の徳の完成とその君主による教化が政治の中心であると天皇に教えた。侍補たちは大久保の死を受けて、天皇親政運動を起こす。

明治天皇もまた、侍補たちの意見を受けて、政治への発言を増やしていった。しかし教えたのが侍補たちである。西欧化に抑制的で、道徳への関心が高い行動を取った。また、内閣が要求する行動を拒否することも起こる。外出嫌いで外国人嫌いという天皇の素の姿が出る。20代後半から30代前半の時期は政治への関与を深めるが、その行動は時に思いつきやわがままに映った。政府の決定に異を唱えることも多かった。

内閣は侍補を解体するが、政府の成り立ちから天皇親政を否定できない。天皇はどのように政治に関与すべきか、という課題が内閣側にも突きつけられた。

明治14年の政変（81年）の結果、プロシア型の憲法制定が決まり伊藤博文が憲法調査に乗り出す。国会の規定のある憲法を導入すると国王はどのような存在となるか。伊藤は西欧の憲法を正しく理解した。国王は憲法に拘束されると。

憲法調査から帰国して、伊藤は宮内卿になる。明治天皇に、現在の内閣の政治方針を理解し、憲法の条規に従って行動することを学んでもらう必要がある。伊藤は天皇に諫言し、その一方で天皇の意思も尊重した。伊藤の明るい性格もよかったのかもしれない。伊藤は明治天皇の信頼を勝ち得る。

86年、天皇は、政治のチャンネルは内閣に一元化すること、内閣の儀礼への出席要請は拒否しないことを内容とする「機務六条（きむろくじょう）」を受け入れた。

加えて伊藤は、明治天皇と幼なじみの公家の藤波言忠（ことただ）を、自分も学んだウィーン大学のシュタインの元に派遣し憲法を学ばせ、天皇に33回進講させた。その結果、明治天皇は、政治は基本的には内閣に委ねる、裁可は慎重に行う、それが君主のあり方だと理解した。天皇は自ら制定した憲法と自負して、89年の憲法発布式に臨んだ。

天皇の成長と国家の成長が重なる

―明治天皇をめぐる略年表―

年	出来事
1852	京都で誕生
66	孝明天皇崩御
67	践祚《せんそ》の儀（天皇に就く）。大政奉還、王政復古の大号令
68	五箇条の御誓文。元号が明治に。東京に移る
72	九州・西国巡幸。この後、 85年まで6回の大きな巡幸で全国を回る
85	内閣制度開始（初代首相、伊藤博文）
89	大日本帝国憲法発布（アジアで初の近代憲法）
94~95	日清戦争
1904~05	日露戦争
10	韓国併合
12	崩御

元勲との関係

こうして政治は内閣、すなわち伊藤や山県有朋、松方正義といった元勲（げんくん）に委ねるという態度で天皇は安定する。裁可者として慎重であることは、記憶力に富み長く政治に関与している天皇を納得させなければならないという緊張感を内閣に与える。新奇な政策は天皇の説得に時間がかかる。新たな政策をめぐり元勲が対立した場合には、天皇が調整役を果たした。

1894年の日清戦争開戦時、明治天皇は開戦を裁可しながらも、自分の戦争でないと祭儀をサボタージュした。対外戦争に不安であった。しかし元勲が一致すれば、納得せざるをえない。開戦後は広島の大本営に移り、国務に精励した。

その一方で伊藤が政党を結成しようとしたとき、元勲の意見は割れ、天皇も何回も引き止めるという政治指導をした。元勲の意見が一致していないときには、天皇も元勲に強く意見を言い、寵臣（ちょうしん）の伊藤の行動も抑制する。しかも裁可者であるから、やや上位の調停者として行動できる。元勲の意見に従うだけではなく、いわば元勲集団の一員として行動した。

明治憲法の主権者は天皇であり、法体制として天皇の権力を強く考えることもできる。他方、実際の政治は元勲たちが行っており、明治天皇の政治力は小さく映る。

しかしここまで述べたように、明治天皇は憲法で制限される存在として自覚し、元勲集団の一員となって政治に関与し、元勲の対立にはやや高位の調停者として行動した。そして国家の大事件には国民の前に姿を見せる君主であった。王政復古のときには「幼冲（ようちゅう）の天子（幼い天子）」と揶揄された少年は、大帝として見事に変貌した。

西川　誠（にしかわ・まこと）

1962年生まれ。東大大学院中退。専攻は日本近代政治史。主な共編著に『日本立憲政治の形成と変質』（吉川弘文館）。共著に『明治天皇と政治家群像』（吉川弘文館）など。

最高司令官として

昭和天皇　時代遅れの「統帥」の仕組み

明治大学 教授・山田　朗

日中戦争、アジア太平洋戦争において、軍部の独断専行に心を痛めつつ、最終的には1945年の聖断によって戦争の終結をもたらした――。一般的にはそう理解されている昭和天皇だが、それは本当だろうか。

昭和天皇は戦局によって濃淡があるものの、戦争中、陸・海軍の作戦を積極的に指導している。本稿では、昭和天皇の戦争指導について事実を提示し、国家のシステム上の問題点を考えてみたい。

明治以降、アジア太平洋戦争の敗戦まで、天皇は日本軍の総司令官＝大元帥であり、統帥権（とうすいけん）を有していた。大日本帝国憲法には、第11条に統帥権（軍隊を指揮・統率する大権）、第12条に編制権（軍隊の組織・規模を決定する大権）が定められていた。

ともに天皇の大権だが、慣習的に統帥権は内閣の介入を許さず、天皇に直属する参謀本部（陸軍）と軍令部（海軍）の軍令機関のみが補佐するものとされていた。これを「統帥権の独立」という。一方、編制権を含む天皇の国務大権は、内閣が補佐し責任を負うものとされていた。

国務（政治）と統帥（軍事）は分裂しているように見えるが、これが天皇によって統一されている、というのが明治憲法体制の建前だった。

また、大正期までは、国務にも統帥にも能力を発揮した明治の元勲たちが健在で、彼らが国家戦略の事実上の決定者として力を振るい、国務と統帥の分裂は、実際の国家運営のうえでは大きな矛盾を生まなかった。

しかし日露戦争以降、陸海軍が官僚機構を肥大化させ、独自の対外戦略を持ち、政治力を強めた一方、1920年代までに明治の元勲たちは死去し、国家戦略の決定そのものに軍の官僚組織が大きな影響力を持つようになった。

このような段階で軍が主張する「統帥権の独立」とは、軍に対する政府の介入の拒否を意味し、文字どおりの国務と統帥の分裂をもたらすものだった。したがって、天皇という一機関によって統合されている建前の国務と統帥は、国家指導層が一致して国家戦略を決定しないかぎり、天皇自身が国務か統帥かの優先順位を決めなければならず、天皇個人をも分裂させてしまうおそれがあった。

例えば、1933年、日本軍は天皇の許可を得て、満州国と華北の中間部に当たる中国熱河省に侵攻したが（熱河作戦）、政府からそれは困ると言われ、天皇が軍と政府の間で立ち往生する事態となった。

そもそも、天皇による統帥権の行使の実態とは、どういうものであったのか。

大元帥としての軍務

天皇自身による統帥権の行使は、大きく分けて3つに分類できる。①最高軍事命令（大本営命令）の発令、②質問などを通しての戦略・作戦指導、③将兵の士気の鼓舞、である。

第1の命令の発令については、戦時には、日本陸海軍の最高・統一司令部として大本営が設置され、そこから出される命令が天皇による最高軍事命令だ。

日中戦争以降の例でいえば、天皇が発する陸軍への最高命令を「大陸命（たいりくめい）」、海軍へのそれを「大海令（だいかいれい）」と呼んだ。大本営命令を出す場合、その許可を求める参謀総長（あるいは軍令部総長）が上奏し、質疑応答を経て、天皇は大陸命案あるいは大海令案の表紙に「可」の印を押す。これで、ようやく大陸命、大海令は天皇の命令として発令できた。

また、これらの命令には、通し番号がついているので、天皇が知らないうちに大本営命令が出てしまうことはない。日中戦争から敗戦で大本営が閉鎖されるまでに、大陸命が1392件、大海令が361件発令されている。

第2の戦略・作戦指導については、昭和天皇の場合、平時においても「陸海軍年度作戦計画」が天皇の発言によって変更された事例が確認できる。戦時においても、昭和天皇が、1942年8月、ガダルカナル島をめぐる攻防戦が始まる頃から、極めて精力的に戦争を指導したことが知られている。

例えば、この当時、洋上作戦が苦手な陸軍航空隊は、ラバウル・ソロモン諸島方面に進出するのを躊躇していたが、天皇は3度にわたって進出することを要求した。3度目の要求があった翌日の11月6日、参謀本部は、ついに陸軍航空隊のラバウル派遣を決定。これは、参謀本部の方針を天皇の言葉が変えさせた典型的な事例であり、質問などを通して戦略・作戦を指導したケースだといえる。

第3の士気の鼓舞は、戦時・平時を通じてのことであり、将兵に天皇親率を実感させるものだ。平時においても、天皇は、観兵式・観艦式などでの閲兵や、軍学校卒業式などへの出席、軍の諸機関への行幸・視察を行い、軍旗の親授式、将官の親補式、毎年秋に行われる陸軍特別大演習など、さまざまな軍事イベントに出席した。

とりわけ将兵にとっては、天皇の閲兵と天皇の前での分列行進は、「天皇の軍隊」としての団結心と一体感を感じさせるものだった。また、士気の鼓舞という点では、軍首脳部を叱咤激励したことがしばしば記録されている。

戦況が悪化した1943年5月のアッツ島陥落の頃から、天皇は作戦の不手際を叱責し、「どこで決戦をやるのか」などと軍首脳を厳しく叱咤するようになる。

天皇は戦況を無視して無理難題を要求していたわけではなく、軍首脳を叱咤することによって、統帥部の引き締めや、陸海軍間の連携強化を図っていたものと考えられている。

大元帥を支えるシステム

天皇は、国務については政府、統帥については軍令機関の補佐を受け、その大権を行使するが、これとは別に、つねに天皇の近くにいて天皇の軍務を支える侍従武官長・侍従武官が存在していた。

侍従武官長には慣例として陸軍の中将以上の将官が就任した。また、天皇の傍らには武官長のほか、少佐～少将クラスの陸軍4人・海軍3人の侍従武官が交代で勤務し、天皇の軍事問題に関する質問に対応するほか、陸海軍の要人、軍の諸機関の責任者との連絡に当たっていた。

このうち、侍従武官長の役割は非常に大きく、大元帥の軍事顧問として、天皇の軍事的判断に影響を与えた。また、侍従武官には、天皇の目となり耳となって各地に視察に行き、天皇の「聖旨（せいし）」（御言葉）を伝達し、天皇が赴けないような地方（戦地・植民地）の将兵の士気を鼓舞するという重要な任務もあった。昭和天皇に仕えた侍従武官の延べ人数は、陸軍25人、海軍18人に上る。

しかし、日本陸海軍という大組織を1人で統括する大元帥のスタッフとしては、日常的に天皇の元にいる軍人が武官長と当直の武官1人という陣容は、あまりにも貧弱なものだった。また、天皇の判断を支える情報機関も、陸軍・海軍・外務省の3本立てで、情報収集と分析を一元的に行う機関はなかった。

天皇を支えるスタッフにしても、情報機関にしても、第2次世界大戦期の戦争に対応できるシステムではなかったといえる。

山田　朗（やまだ・あきら）
1956年生まれ。東京都立大大学院単位取得退学。専門は日本近現代史・軍事史。主著に『昭和天皇の戦争』『兵士たちの戦場』（ともに岩波書店）『軍備拡張の近代史』（吉川弘文館）。

戦争終結に向け周到に行動

国学院大学　准教授・柴田紳一

昭和天皇は、いわゆる大東亜戦争について、早期終結を強く望んでいた。しかしその実現には困難が伴った。戦局の推移や外交上あるいは内政上のさまざまな条件が整わなければ、和平交渉につけないからである。

昭和天皇の終戦構想は2つの段階に分かれる。①一般的希望段階（1942年～45年6月）と②具体的実行段階（45年7月～）である。

ではなぜ一般的希望段階に長期間とどまったのかといえば、終戦の阻害要因が大別して4点存在したからである。

①連合国側の無条件降伏主義、②国際的な「信義」の問題、③天皇としての「情義」

の問題、④天皇、その側近、重臣たち（元首相）が共有していた「恐怖」である。

最大の阻害要因は①であるが、まず②以下について述べる。

②の信義とは、国際条約の順守に関連する。１９４１年１２月開戦と同時に日独伊単独不講和協定が締結された。３カ国が、それぞれ単独で連合国側と講和しないという協定である。

開戦前の御前会議で、日本が米英との戦争に突入した途端に欧州で和平が実現するおそれなしとしない、との懸念が枢密院議長などから示され、締結に至った。日本側の対独伊不信が理由であった。この協定のある限り、日本としては連合国側との講和はできない。

③の情義とは、戦争犯罪者の処罰問題に関連する。天皇の命で職務を尽くした人々を敵の法廷に引き渡すことは、天皇として情において忍びないことであった。

④の恐怖とは、武装解除要求にも関連し、主に徹底抗戦を唱えるグループによるクーデター（２・２６事件の再来、戒厳令下の軍事政権樹立）に対するものである。

これらの諸要因が除去された、あるいは克服できると判断されたとき、昭和天皇の終戦構想は初めて具体的実行段階に移行した。

「終結は早いほうがいい」

開戦から2カ月、1942年2月のこと、昭和天皇は東条英機首相・木戸幸一内大臣に終戦準備を指示している。内大臣は天皇への常侍輔弼（じょうじほひつ）を任とする重職である。木戸に対し、「戦争の終結につき、人類平和のため戦争の長期化と惨害の拡大は好ましくない、長期戦で軍の素質も悪くなる、世界情勢を注視しつつ、南方の資源獲得・処理が中途で成果を挙げ得ないのも困る、以上を充分考慮し遺漏のない対策を講ぜよ」と述べた。そこにはさまざまな懸念が見て取れる。

開戦からほぼ1年、日本軍は43年2月にはガダルカナル島から撤退。43年1月にはモロッコのカサブランカでルーズベルト米大統領とチャーチル英首相が会談し、枢軸国（日独伊）に対する無条件降伏要求を確認した。

ガダルカナル島撤退の翌月である43年3月、昭和天皇は木戸に、戦争終結は一日も早いほうがいいとの考えを示す。木戸は後年、「終戦工作の一歩もここに発した」と回顧している。

44年6月、マリアナ諸島の攻防戦で敗退し、7月に東条内閣が引責のため総辞職、首相は小磯国昭に交代した。マリアナの失陥は、米爆撃機B29による本土空襲がいよいよ激化することを意味した。

45年2月、開戦以来絶えていた重臣拝謁が、昭和天皇・重臣側双方の強い要望により極秘裏に再開され、牧野伸顕（のぶあき）・元内大臣を含む7人が各自の所見を上奏し、全員が「聖断」こそ、あらゆる手段の大前提であると昭和天皇に説示した。

その間、ソ連でヤルタ会談が行われ、45年3月、小磯内閣の重光葵（しげみつまもる）外相（前駐中国大使。日中戦争の原因を除去し対米英和平を招き寄せることを目的とした「対支新政策」の発案者）は木戸に対し、もはやネゴシエーテッド・ピース（交渉による和平）は不可能で、結局はサレンダー（降伏）しかない旨を告げた。翌日、木戸は同内容を昭和天皇に伝え、併せて万一の場合の覚悟を願い出た。

45年4月、鈴木貫太郎内閣が発足。鈴木は29年から36年まで侍従長を務め2・26事件で負傷・辞職、終戦実現を強く願っていた。

5月、ドイツが無条件降伏（イタリアは43年9月に無条件降伏）、日本はようやく単独不講和の束縛を解かれた。この前後、昭和天皇が武装解除と責任者処罰を容認したという記録も残されている。

同じ5月、最高戦争指導会議の6巨頭会合（首相、外相、陸軍大臣、海軍大臣、参謀総長、軍令部総長）はソ連の参戦防止・連合国側への和平仲介を目的に対ソ交渉を開始すると決定した。6月、昭和天皇は6巨頭を招集し、初めて複数当局者の前で早期戦争終結の意志を明らかに示した。

7月、事態は大きく動く。近く米英ソによる3カ国会談が開かれると知った東郷茂徳（とうごうしげのり）外相はそこに「戦争終結に関する大御心（おおみこころ：天皇のお考え）」を伝える必要を6巨頭会合で指摘する。

昭和天皇による終戦への模索

—内外の重要な出来事—

年	月	出来事
1941	12	開戦の詔書
		日独伊単独不講和協定 （単独での講和を禁じる）
42	2	昭和天皇、首相と内大臣に終戦準備を指示
	6	ミッドウェー海戦で日本海軍が壊滅的打撃を被る
	7	昭和天皇、外相に早期終戦の希望を表明
	12	御前会議で「対支新政策」を決定 （対中国の戦因除去と対米英の和平招来が目的）
43	1	カサブランカ会談 （米英が日独伊に対する「無条件降伏」の方針を確認）
	2	日本軍、ガダルカナル島から撤退
	3	昭和天皇、内大臣に早期終戦の希望を表明
	9	イタリア無条件降伏
	11	カイロ会談（日本国への無条件降伏を要求）
44	6	マリアナ沖海戦で日本軍が敗北
	7	東条英機内閣が総辞職
	11	ソビエトのスターリン首相が「日本は侵略国」
45	2	ヤルタ会談（ソ連の対日参戦を密約）
		重臣7人の意見上奏 （「聖断」の必要性を天皇に具申）
	4	鈴木貫太郎内閣が発足
	5	ドイツ無条件降伏
	7	ポツダム会談
	8	終戦の詔勅・玉音放送

無条件降伏めぐる攻防

　ポツダム会談が始まると、昭和天皇は東郷に、「わが申し入れが先方に伝わったか」と尋ねる。東郷は和平に関する大御心が先方に伝わったことは明瞭と答え、昭和天皇から「まことに結構であった」とのお言葉があった。

　次いでポツダム宣言発表。東郷は連合国側の方針大変更を直感する。その文中に「我等（われら）の条件は左の如し」とあり、「戦争犯罪人の処罰」「日本国軍隊の無条件降伏」などが列記してあった。天皇・皇室に関する要求はなかった。条件が明示されているということ、また、それまで無条件降伏の主体は、国家だったものが軍隊に限定されたことは、米英が無条件降伏主義を大転換したのだ、東郷はそう感じ、昭和天皇に訳文を届けた。日本側は、大御心が連合国側に伝わったからこそ無条件降伏主義の転換がなされたと理解したのであった。

　米国のグルー元駐日大使が起草したポツダム宣言原案には天皇の保全が明記されていたが、トルーマン大統領によって削除されたことや、米国の方針転換の背景には米日両国兵士の死傷者比率の問題があり、ガダルカナル島では米国1に対して日本22だったものが硫黄島では1対1になったことに指導層が衝撃を受けたことなどが、五百旗頭真（いおきべまこと）・神戸大学名誉教授の研究によって解明されている。

8月に入ると、2発の原子爆弾投下、ソ連の対日参戦を受け、ポツダム宣言の受諾をめぐり御前会議が2回催され、いわゆる「聖断」が2度下され、8月14日、終戦受け入れが決まった。

昭和天皇が、立憲君主としては内閣や大本営の決定を覆したり拒否したりすべきでない、と考えていたことは間違いない。それではまったくの独裁者であって天皇ではないと考えていた。

だが御前会議では容易に結論が出ず議論は長時間に及んだ。鈴木首相は「異例ながら陛下の考えをもって結論としたい」と願い出て、昭和天皇の決断を仰いだ。

「あのとき鈴木が御聖断を仰ぎますと言ってくれたから、私は東郷外務大臣の意見に賛成することができたのだ」。昭和天皇は戦後、三谷隆信（48～65年侍従長）に謝意を込めてこのように告げている。

柴田紳一（しばた・しんいち）
1958年生まれ。国学院大学文学部卒業。専攻は日本近現代史。主著に『昭和期の皇室と政治外交』（原書房）、『日本近代史研究余録』（渡辺出版）。

天皇も実物は見たことがない

歴史から見る「三種の神器」

2019年5月1日、皇居宮殿の中でも最も格の高い「松の間」で即位の礼の1つ「剣璽等承継（けんじとうしょうけい）の儀」が行われた。天皇陛下の前に置かれた台の上に、侍従が大・小の箱を安置し、新しい天皇に、「宝剣」と「神璽（しんじ）」が引き継がれた。

「三種の神器」のうち、残りの「神鏡（しんきょう）」は、剣璽等承継の儀と同時刻、宮中の「賢所（けんしょ）」にて宮中祭祀を担う神官による儀式が執り行われた。

三種の神器のルーツは、『古事記』『日本書紀』に記された神話（記紀神話）にさかのぼる。「天孫降臨神話」の中で、皇室の祖であるニニギノミコトが地上に降りる際に天照大神（あまてらすおおみかみ）から授けられたのが、「八尺瓊勾玉（やさかにのまがたま)」「八咫鏡(やたのかがみ)」「草薙剣(くさなぎのつるぎ)」の3点セットである。

勾玉と鏡は、「天岩戸神話(あまのいわとしんわ)」の中で、洞窟に隠れた天照大神を誘い出す儀式のために、神々が作り出したもの。勾玉が今日の神璽に当たる、という説が有力だ。剣は、スサノオがヤマタノオロチを退治した際、オロチの体内から見つかったという由来である。

天孫降臨神話を後ろ盾に即位したのが、7世紀の女帝、持統天皇だ。持統は、夫・天武天皇と、その後継者として指名されていた息子の草壁皇子が相次いで亡くなり、690年に自ら即位した。持統の即位式に関する記述では、臣下が列立する前で中臣(なかとみ)氏が天孫降臨以来の吉事を述べる祝詞を詠み上げ、忌部(いんべ)氏が剣と鏡を持統に奉り、即位したとある。

天孫降臨神話は、天武・持統の時代の宗教政策がベースになっている。持統が自らの天皇位の正当性を主張するパフォーマンスとして、神話に基づく儀式を整備した可能性は高い。この儀礼は7世紀の法令に定められ、奈良時代の即位儀礼の基本になる。

ところが、平安時代の初頭になると、即位式での鏡剣奉献の儀式は廃絶してしまう。即位儀礼が中国風になったことで、『古事記』『日本書紀』に基づく儀礼がそぐわなくなったからだ。さらに承継される神器が、「剣と鏡」から、「剣と璽」の組み合わせに変化している。

なぜ鏡が承継されなくなったのか。背景にあるのが、桓武天皇による鏡の神格化である。記紀神話には、三種の神器のうち、鏡にだけ「天照大神がニニギに鏡を渡す際、自らの分身としてつねに身辺に置くよう指示した」というくだりがある。伊勢神宮祭祀を強化した桓武がこの神話に注目し、鏡を祭祀の対象にしたと考えられる。

こうして、剣と璽が天皇の寝所に安置されたのに対し、鏡は宮中にある女官の詰め所「内侍所（ないしどころ）」（賢所）に置かれ、人の目に触れることはまれになっていく。現代の即位の礼で、剣と璽のみが承継され、鏡は賢所で儀礼が行われるのはそれゆえだ。

火事で焼けた神鏡

三種の神器は、これまで何度も消失の危機に直面してきた。その1つが、10~11世紀に起きた3度の内裏火災だ。最初の火災時、神体である鏡の実態は誰も把握していなかった。焼け跡からは3枚も鏡が見つかり、最も焼損度の軽いものが神鏡と定められた。

壇ノ浦の戦いで、平家の擁する安徳天皇と一緒に剣が水没する事件もあった。宝剣不在のままで皇位を継承した後鳥羽天皇は乱世の原因になりうると問題になった。結局、25年後に宝剣は新造された。

では、現在天皇家に伝わる三種の神器はいつの時代のものなのか。結論からいえば、不明である。そもそも、三種の神器は「宮内庁職員はおろか、天皇陛下すら見たことがない」(宮内庁)。

しかも、今回儀式で用いられた神器のうち、「実物」は璽のみで、剣と鏡は複製品。実物はそれぞれ、熱田神宮と伊勢神宮に安置されているとされる。三種の神器の由緒は、学問的にいまだ謎のままなのである。

(印南志帆)

伊勢神宮に派遣された未婚の皇女「斎王」の秘密

斎宮歴史博物館・榎村寛之

古代から鎌倉時代まで、天皇一代につき原則1人が選ばれ、伊勢神宮に仕えた未婚の皇族女性がいた。この皇女を、斎王（伊勢斎王）という。三重県・明和町（めいわちょう）に所在した斎王の住む宮殿を斎宮（さいくう）といい、転じて斎王本人のことを指す場合もある。天皇制にとって、斎王の派遣はどのような意味を持ったのか。

そのヒントは、斎王が選ばれた際に、伊勢神宮に対して詠む祝詞にある。ここには「天皇が天地日月と共に平安であることを祈願して、斎王を送る」と記されている。つまり、天皇の長寿と国家繁栄を願うことが斎王の役目だった。斎王の務めは、伊勢神宮から10キロメートルほど離れた斎宮で潔斎の日々を送ること。1年に3回だけ、伊勢神宮のお祭りである「三節祭（さんせつさい）」（9月の神嘗（かんなめ）祭、6月、12月の月次祭（つきなみさい））に赴き、神宮を拝した。

斎宮制度の起源は、天照大神信仰の確立期に当たる7世紀にさかのぼる。天皇の即位から交替に対応して在任した初例は、天武天皇代の大来（おおく）皇女である（在任期間は673〜686年）。背景には、天武が前年の壬申の乱で天照大神を望拝したことや、伊勢神宮の神風が勝利を導いたとの意識があった。

大来皇女の母は、天智天皇の娘、大田（おおた）皇女で、天武・天智双方の血統を引く。『万葉集』の和歌からは、彼女が高い教養の持ち主だったことがうかがえる。やはり、特別な皇女が斎王に選ばれたのである。

そして昨年、斎宮跡で重大な発見があった。史跡指定範囲の西端部で、7世紀後半の塀で囲まれた区画と、隣接する地に倉庫群が確認されたのだ。斎宮最古の宮殿的遺構である。塀、倉庫ともに複数回建て替えられた形跡があるが、その中に、大来の時代の斎宮が含まれている可能性は少なくない。

500人が働く伊勢の都

ただ、この斎宮は史跡東側で確認されている8世紀末の斎宮と大きく構造が異なる。斎宮制度は奈良時代後期の女帝、称徳（しょうとく）天皇の時代に一度中断。その後、8世紀後期の光仁（こうにん）朝で復活を遂げ、続く桓武（かんむ）朝で大改革が行われたのだ。

その結果できたのが、幅最大15メートルの直線道路で区画された、東西約1キロメートル、南北500メートルに及ぶ碁盤の目状の、「方格地割（ほうかくちわり）」である。ここからは塀で囲まれた区画が複数箇所発見されており、宮殿的な造りである。並行して、斎王に仕える官僚組織、「斎宮寮」の定員が増やされ、官人の身分が確定するなど、律令国家機構としての斎宮のシステムも整えられていく。当時の斎宮には500人以上の人々が働いており、国家が伊勢神宮の権威を具現化した機関として、神宮や伊勢国南部の行政とも深く関わっていた。斎王は、巨大なオフィス街の主となったのだ。

斎宮が整備された背景には、727年に斎王として伊勢に派遣された聖武天皇の娘、井上（いのえ）内親王の存在がある。井上は、任を解かれてから光仁天皇の皇后となり、斎宮の再生に関与した。そして平安時代に入ると、斎宮は、常陸国（茨城県）から京に至る広範囲の租税の一部が集まり、物流と情報が交錯する、都市的な空間となっていく。

しかし、斎宮制度は1336年に後醍醐天皇の「建武の新政」が崩壊すると、完全に消滅してしまう。江戸時代後期まで形式的にせよ存続した前近代の皇后・皇太子・摂政・関白などと同様に、斎王は天皇を支える機構で、なくてはならない存在だった。しかし室町時代以降の天皇は、形式的な斎王さえなしでも維持できた。これは天皇制の大転換といえることなのである。

榎村寛之（えむら・ひろゆき）
1959年生。関西大学大学院修了。博士（文学）。近著に『斎宮伊勢斎王たちの生きた古代史』（中公新書）。

「国民の中に入っていく」 行動する天皇陛下の真意

2019年8月19日午後。栃木県のJR那須塩原駅前には、那須御用邸での静養に向かう天皇ご一家を歓迎しようと、到着の1時間前から約400人が集まっていた。気温31度。照りつける太陽に汗が噴き出る。やがて歓声が上がり、ご一家が姿を見せた。「暑い中、待っていただきありがとうございます」。天皇皇后両陛下は、相手の目の高さに合わせるようにしゃがんだり立ったりを繰り返しながら移動し、触れ合いは30分も続いた。

天皇陛下は地元の高校に通う女子生徒に「何年生ですか」と尋ね、「高校3年、受験生です」と聞くと「愛子と一緒ですね」。1週間後にテストを控えているという話に雅子さまは「愛子も」と応じ、愛子さまは「お互い頑張りましょう」と笑顔を見せた。

「お優しい方たちでした。令和はきっと平和で、いい時代になると思いました」。女子生徒の感想に、ご一家の〝垣根の低さ〟が改めて感じられた。

5月1日、126代の天皇に即位した陛下は、国民の代表に初めて会う「即位後朝見の儀」で「上皇陛下の歩みに深く思いを致し、（略）常に国民を思い、国民に寄り添いながら、象徴としての責務を果たす」と誓った。昭和天皇の崩御により28歳で皇太子となったプリンスも還暦間近の59歳。皇太子の期間は平成の時代と同じ30年余になる。

公務の改革に強い意志

陛下が皇室観を語ったことがある。1985年、英国留学中の最後の記者会見だ。「一番必要なことは、国民と共にある皇室、国民の中に入っていく皇室であること。できるだけ多くの国民と接する機会を作ることが必要と思います」。

先の陛下が示した「国民と共にある皇室」に、「国民の中に入っていく皇室」という自分の思いを添えた皇室観だが、上皇陛下が「状態」を言っているのに対し、陛下は

「自らの動き」「行動」を語っており、そこに強い意気込みが感じられる。

皇太子時代の陛下は、天皇の補佐役に徹してきた。2019年2月の記者会見では皇太子の歩みを振り返って「(上皇)陛下をお助けすべく、皇太子として自分に何ができるかを常に考えながら、一つ一つの公務に取り組んでまいりました」と述べている。

その姿勢は被災地のお見舞いに表れている。95年の阪神・淡路大震災のときも、2011年の東日本大震災のときも、陛下の被災地入りは上皇ご夫妻より1カ月から1カ月半ほど遅かった。東日本大震災の際には「若い皇太子がまず動くべきだ」という声も聞かれたが、先の陛下が、天皇として救援活動に支障がないタイミングでの被災地入りを探っているときに、皇太子が先回りすることはありえず、また、先の陛下とのお見舞いの〝時差〟は、連続して入ることで被災地に負担をかけないようにという配慮からだった。

その立場を踏み出たのが2004年5月の「人格否定発言」だ。「雅子にはこの10年、自分を一生懸命、皇室の環境に適応させようと努力してきましたが、疲れ切ってしまっているように見えます。それまでの雅子のキャリアや、そのことに基づいた雅子の人格を否定するような動きがあったことも事実です」。

発言から2カ月半が経って宮内庁は雅子さまの「適応障害」を発表し、「心のエネルギーを高める私的活動を優先する」という治療方針が示される。発言は雅子さまの病状が深刻さを増し、ご一家が孤立する中で、〝捨て身技〟のように発された訴えといえた。

環境問題にも積極的

その頃の発言には、公務の改革に対する強い思いが見える。「時代の要請を的確に感じとって、物事の本質を見極め、精神的なよりどころとしての役割を果たしていくことが重要」と述べたのは1996年2月。その後、2003年2月には「若い世代の皇族として望ましい姿を常に模索して、21世紀の皇室にふさわしい活動ができれば」と語り、「人格否定発言」の頃には「今の時代に合った形で新たに私たちにできる公務を考えていくことができれば」とも述べている。

2005年2月には「要請がある場合に積極的に考えたい」分野を具体的に挙げて

いる。①環境問題（水の問題）、②子どもと高齢者に関する事柄（子どもや高齢者の福祉、子どもの教育の問題）、③国際的な文化面での交流、諸外国との友好親善関係の増進、④産業・技術面でのさまざまな新しい動き。事前・事後の説明を増やし、関係者との懇談を意義深いものにとも要望している。

「水の問題」を取り上げるのは、ネパールで見た女性の水くみが原点だ。多くの女性が水を得るために家事労働から解放されず、学校に行くこともできずに地位向上を阻まれている、という問題認識がある。

時代に即した公務はなかなか理解されなかった。しかし、国連事務総長から委嘱された国連「水と衛生に関する諮問委員会」の名誉総裁として国際会議に出席するなど、その活動ぶりは日本より世界で広く知られている。

皇太子の公務に定めはないが、天皇は憲法に定められた「国事行為」が公務であり、水問題などの取り組みは難しくなるとみられている。それでも、新しい立場でも水問題の知見を生かす道があることを示したのが、19年7月の「地球科学・リモートセンシング国際シンポジウム」でのお言葉だった。宇宙から地球を観測し防災に役立てる技術などを討議する会議で、陛下は技術の重要性を改めて訴えた。

皇太子の道のりは順風ではなかった。お世継ぎのプレッシャー、今に続く雅子さまの「適応障害」、愛子さまの不登校、「人格否定発言」などでの上皇陛下との意思疎通……。しかし、その一つひとつと向き合ってきた歩みは、人々の痛みを自らの痛みとして理解することができる「象徴」の資質を育んだように思える。

陛下は雅子さまが本格的に公務を行えるようになった段階で、どちらかが中心になったほうがいい公務を分担する可能性も示している。話し合い、笑顔を忘れず、人の輪に入ってきたお2人だ。「二人三脚」のような上皇ご夫妻のやり方を受け継ぎ、雅子さまの体調をうかがいながら、「国民の中に入っていく」という令和の新しいスタイルを始められるに違いない。

井上茂男（いのうえ・しげお）
1957年生まれ。読売新聞で社会部デスク、編集委員を務める。89年から両陛下のご結婚を取材。著書に『番記者が見た新天皇の素顔』『皇室ダイアリー』がある。

妃に求めた「自分の意見を言える人」

皇太子時代の天皇陛下が、警察にも内緒でお住まいの赤坂御用地を抜け出したことがある。

1992年10月3日土曜日。陛下は後部座席が黒いフィルムで目隠しされた小豆色の軽ワゴン車の後部座席に身を隠し、身の回りのお世話係「内舎人（うどねり）」が運転する車で赤坂御用地の門を後にした。先の両陛下が国民体育大会で山形へ向かった直後。記者の目が東京から離れるタイミングだった。

軽ワゴン車が目指したのは、千葉県市川市にある宮内庁の新浜（しんはま）鴨場。外務省職員だった雅子さまと待ち合わせ、昼食をとりながら語り合い、「結婚していただけませんか」とプロポーズした。しかし、返事は芳しくなく、陛下が落胆した時期もある。電話で思いを伝え、11月28日、次のデートが実現する。場所は赤坂御用地内の東宮仮御所。今度は雅子さまが小豆色の軽ワゴン車に潜んで門内に入った。「僕が一生、全力でお守りしますから」。この日の言葉が心を動かし、12月12日、雅子さまはプロポーズを受ける。

「前代未聞のことだったかも知れませんけれども、雅子さんのことは、一生かけて本当に力を入れていたことでもあり、警備なしという極めて無防備な状態であった訳ですけれども、それをする価値は十分にあった」。後に陛下はこう語っている。

お2人の出会いは1986年10月。スペインのエレナ王女の歓迎レセプションだった。パーティーを含めて会ったのは5度。だが、雅子さまの英国留学と、祖父がかつて水俣病訴訟中のチッソ社長を務めていたことで交際は中断となる。陛下はそれでもあきらめなかった。「小和田さんではだめでしょうか」。チッソのことで慎重な姿勢を崩さない側近に計3度訴え、重い扉をこじ開けるようにして5年ぶりの再会を果たしたのだった。

成長させたのは留学

陛下を大きく成長させたのは、1983年6月から85年10月までの2年4カ月に及んだ英国留学だろう。

オックスフォード大学のマートン・コレッジの寮で暮らし、3度の食事は食堂で友人たちと一緒。買い物や洗濯も自分でこなし、パブやディスコで仲間と語らった。自室でパーティーを開き、コーヒーメーカーで温めた日本酒を振る舞ったこともあれば、ロンドンの老舗で求めた傘を図書館の傘立てに不用意に挿し、盗まれて濡れて帰ったこともある。テムズ川の水上交通の研究だけでなく、欧州14カ国を訪ねて王室メンバーらとも交流。帰国に際して米国を3週間にわたって旅し、レーガン大統領をホワイトハウスに訪ねてもいる。

留学を通じて陛下が得たのは「自分で考え、自分で判断すること」。帰国後の記者会見では「帰ってきたら立場が違うわけですが、できるだけ自分でものを考え、決めて、行動に移す態度は今後とも続けていけたら」と語っている。

理想の女性についての質問にも根気よく答え、「よき日本人であって、よき国際人であってほしい」「控え目ではあるけれど必要な時には自分の意見をしっかりと言える女性。ある程度外国語ができる方がいい」などと語っていた。

こうした女性像は、やがて出会う雅子さまと重なる。そして、考え、決め、行動したのが、「小和田さんでは……」という3度のアピールと、鴨場での隠密裏のデート。結婚に当たって行動力を発揮していた。

「皇太子番」として陛下の結婚を追っていた頃、お忍び先を何度も張り込んだ。到着と出発の前後は視界に入らないようにしていたが、見られてしまったことが何度かあった。しかし、嫌な顔をされたことは一度もない。目が合った瞬間の、にこやかな表情に救われたものだった。

（皇室ジャーナリスト・井上茂男）

皇室のお金と使い道　大嘗祭めぐり違憲の声も

皇室に関係する予算は、皇室の活動のための「皇室費」と、官庁である宮内庁を運営するための「宮内庁費」に分けられる。2019年度予算では、皇室費が117億円、宮内庁費が123億円だ。皇室費はさらに、「内廷費」「皇族費」「宮廷費」の3つに分類される。金額は皇室経済法などで定められている。

内廷費は、天皇ご夫妻、長女愛子さま、上皇ご夫妻の5人（内廷にある方＝いわば天皇家の本家）の私的な費用で、毎年定額の3億2400万円。皇族費は、秋篠宮ご夫妻やほかの皇族、合計13人の私的な費用で、2億6400万円。宮廷費は、外国賓客の接遇や儀式など皇室の公的活動に充てられるもので111億円だ。

内廷費から、内廷の方々の食費、被服費、研究経費、私的な交際費、神事に関する経費、「内廷職員」と呼ばれる私的雇用人の給与などが支出される。

皇室経済法には、「内廷費として支出されたものは、御手元金となるものとし、宮内庁の経理に属する公金としない」とある。つまり、国庫から支払われた御手元金は私的なお金となり、何にどう使うかは、天皇陛下や上皇陛下の意思による。ただし、内廷費はすべて自由に設定できるわけではなく、宮内庁内の内廷会計審議会で予算額が決められる。

皇族費が、それぞれの皇族にいくら支出されるかは、立場ごとに定められている。皇嗣になられた秋篠宮さまは皇室典範特例法により、皇族費が3倍に増額され、年間9150万円となった。

内廷費と皇族費の定額の変更は、首相や衆参両院議長などで構成される皇室経済会議で決められる。宮家の創設や、女性皇族が結婚で皇籍離脱する際の一時金も、皇室経済会議を経る。18年に高円宮家三女の守谷絢子（もりやあやこ）さんが結婚した際には1億0675万円、05年に上皇ご夫妻の長女である黒田清子（さやこ）さんが結婚した際には1億5250万円が支給された。

■ 宮内庁予算のおよそ半分が皇室費

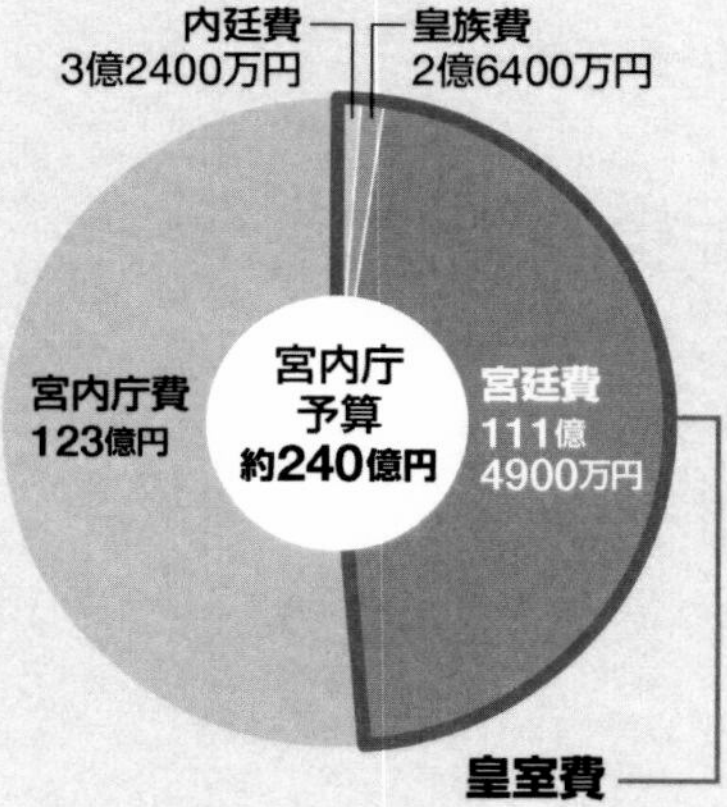

皇室費は3つに分けられる

内廷費 天皇、皇后両陛下、内廷にある皇族の私的な費用

皇族費 秋篠宮ご一家やほかの皇族方の私的な費用

宮廷費 儀式、国賓・公賓の接遇、国内外訪問など皇室の公的活動、皇居などの施設整備に必要な経費。皇位継承費用も含まれる

（注）2019年度当初予算

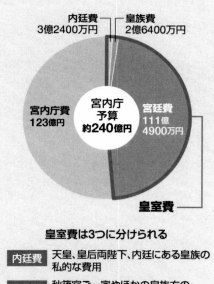

大嘗祭は宮廷費から

皇室予算で議論になるのが、皇位継承に伴う重要な祭祀である大嘗祭への支出だ。新天皇がその年に収穫された米などを奉納し、五穀豊穣を祈る。政府は国の行事として、前回と同じように宮廷費から支出する。

しかし大嘗祭は宗教的色彩が強く、国の政教分離の原則から、公的な費用で賄わず皇室の私的な行事とすべきだとの意見がある。18年秋篠宮さまが会見で、「宗教色が強いものを国費で賄うことが適当かどうか。内廷会計で行うべきだと思っています」と述べられたのも、こうした考え方からだ。

大嘗祭をめぐって、前回の代替わりの際には全国で違憲訴訟が相次いだが、いずれも原告が敗訴。1995年に大阪高裁は原告の訴えを棄却したが「政教分離規定違反の疑いを一概に否定できない」と指摘した。最高裁は国費投入について憲法判断をしていない。

皇室の公と私をどう切り分けるのが適切か。社会的な議論はもっとあってよい。

（長谷川　隆）

平成の天皇が徹底した「国民とともに」の姿勢

ともに並ばれ、静かに一礼されながら祈る――。上皇ご夫妻のご訪問は、そんなイメージが国民に深く残る。平成の時代は阪神淡路大震災や東日本大震災など大規模災害も多く、お2人は精力的に被災地を回り、被災者を慰められた。また、太平洋戦争の激戦地で命を落とした人たちを慰霊するため、長距離・交通不便をいとわずご訪問されたことは記憶に残る。

上皇ご夫妻のこれまでの足跡をたどってみよう。『旅する天皇』（竹内正浩著）によれば、「平成の30年間で、国内外のご訪問の距離が62万4321キロメートル、地球15周半」と集計している。

国内では全国植樹祭、全国豊かな海づくり大会、国民体育大会秋季大会の「三大行幸啓」も各回、出席されている。平成の30年間で国内最多の訪問地は神奈川県の105回。次いで東京（23特別区以外）の84回、栃木県の38回と続く。神奈川県、栃木県にはそれぞれ御用邸がある。また八王子市には昭和天皇御陵があり、海外訪問の前には毎回参拝されていた。

外国へは、皇太子時代に延べ81回、天皇ご在位のときに同47回の訪問をなされている。皇太子時代を含め、最多訪問国は米国の11回。次にタイ（9回）、英国（8回）、ベルギー（同）となる。欧州など王室との交流が深いことも、訪問国の多さに関係している。

訪問先には、社会的弱者や過去の犠牲者に対する上皇の思いがにじみ出る。被災者や戦死者、病に苦しむ人に寄り添うためのご訪問という意思が平成の時代を追うごとに強まる。全国14カ所のハンセン病療養所すべてを回られたのは、その一例だろう。また自然災害での住民避難先を訪れ、被災者一人ひとりと向き合われる姿は、国民に深い印象を残した。

海外でも、2005年のサイパン島のご訪問は戦地慰霊の始まりとなった。太平洋戦争の激戦地で、とくに「バンザイクリフ」といった民間人が多く自決した場所をくまなく回られている。15年には同じ激戦地パラオのペリリュー島も訪れた。

16年に上皇は、「象徴としてのおつとめ」として、天皇が象徴であり、国民統合の象徴としての役割を果たすためには、象徴天皇を国民に理解してもらい、また天皇も国民への理解を深めるべきだとし、だからこそ「日本の各地、とりわけ遠隔の地や島々への旅も、私は天皇の象徴的行為として、大切なものとし感じてきました」と述べられた。ご訪問の軌跡を振り返れば、「象徴としての天皇」のあるべき姿を模索された姿が映し出される。

■天皇在位時の外国ご訪問

年	訪問国
1991	・タイ、マレーシア、インドネシア
92	・中国
93	・ベルギー ・イタリア、ベルギー、ドイツ
94	・米国 ・フランス、スペイン
97	・ブラジル、アルゼンチン
98	・英国、デンマーク
2000	・オランダ、スウェーデン
02	・ポーランド、ハンガリー
05	・ノルウェー、サイパン（米国）
06	・シンガポール、タイ
07	・スウェーデン、エストニア、ラトビア、リトアニア、英国
09	・カナダ、米国
12	・英国
13	・インド
14	・ベルギー（皇后陛下〈当時〉のみ）
15	・パラオ
16	・フィリピン
17	・ベトナム

（出所）宮内庁ホームページ

中小企業もご訪問

上皇は、国内企業も数多くご訪問されている。平成の企業視察には大きな変化があった。

宮内庁のサイトには「企業ご視察」というリストがある。初めての企業視察は、1990年の旭硝子（現AGC）の京浜工場と中央研究所（横浜市）だった。その後は、東京電力、花王、日産自動車、荏原製作所、石川島播磨重工業（IHI）、NECなど大企業が並んでいる。

ところが99年ごろから、中堅、中小企業が中心となっていく。99年に訪れた結晶化ガラスメーカーの岡本硝子（千葉県柏市）は従業員200人程度（当時）、このときは未上場だった。この年、もう1社視察したプラスチック加工の山下電気（東京都品川区）も同規模。以降、東日製作所（東京都大田区）、トックベアリング（東京都板橋区）、スタック電子（東京都昭島市）と中小企業が中心だ。

訪問先は経済産業省が複数の候補を宮内庁に推薦し、その中から選ばれる。宮内庁の判断基準は不明だが、経産省の候補選定にはいくつかの傾向がある。それは、①独自技術や独創性のある製品を持つ。サービス系より製造業が中心、②経産省や都道府県が後押しする中小企業対象の表彰制度やものづくり関連の賞で受賞歴がある、③首都圏の場合、皇居から車で1時間以内のアクセスが可能の3点だ。

11年10月に視察された研磨装置メーカーの不二製作所（東京都江戸川区）は、3月に経産省中小企業庁から最初の連絡があって職員数人が訪れた。この時点では用件は示されず、会社の様子や景気などを聞かれた。ところがその直後に東日本大震災が発生。企業視察の準備は、4月に地元の小松川警察署から聞かされて知った。当初は5月ごろの訪問予定だったものの、震災後で状況が流動的になり、結局、8月に「10月に視察」と決まったという。その間、中小企業庁や関東経産局、警察、消防、区役所と協議を重ねた。

12年7月に視察があったメトラン（埼玉県川口市）は、経産省より先に地元である川口警察署の警察官の訪問を受け、視察を知らされた。もっともそのときは「あくまでも候補のうちの1つ」との説明を受けたという。同社は南ベトナム（当時）の留学生だったトラン・ゴック・フック氏（新田一福氏）が創業した新生児用の人工呼吸器メーカーで高い技術を持つ。

１０年6月の視察先となった医療器具メーカーの河野製作所（千葉県市川市）では、「自社の微細技術による医療器具がものづくり大賞を受賞したことが選ばれた理由ではないか」と当時副工場長だった三橋謙二氏は話す。顕微鏡を使った世界最小の手術針の製作工程に関心を示され、顕微鏡を長い時間のぞかれたという。

どの企業でも、代表者（会長あるいは社長）の説明を受けながら1時間ほど社内を視察。陛下の希望で短時間ながら社員との懇談会が開かれ、１０～３０人ほどの社員が言葉を交わす機会を持った。

視察企業のほとんどが、自社で高い技術を持ちながら地道に働く人たちに対し、ご視察を契機に多くの関心が向けられたことを喜ぶ。メトランのフック氏は「従業員４０人の小さな会社に来てくださり、地元・川口市の企業や取引先企業にも自信を与えてくださった」と話してくれた。

（長谷川　隆、福田恵介）

■企業視察は中小企業にシフト（天皇在位時）

年	月	企業・事業所名	所在地
1990	6	旭硝子・京浜工場、中央研究所	横浜市
	6	東京電力・箱崎熱供給センター	東京都中央区
91	4	花王・東京工場、東京研究所	東京都江東区・墨田区
	6	日産自動車・テクニカルセンター	神奈川県厚木市
	6	荏原製作所・藤沢工場	神奈川県藤沢市
92	5	IHI東二テクニカルセンター	東京都江東区
93	2	NEC府中事業場	東京都府中市
	7	レナウン・昭島事業所	東京都昭島市
	7	東芝・青梅工場	東京都青梅市
95	9	新日本製鉄・君津製鉄所	千葉県君津市
	9	東京電力・富津火力発電所など	千葉県富津市
96	6	大日本インキ化学工業・東京工場	東京都板橋区
	9	倉本計器精工所	東京都大田区
97	4	凸版印刷・川口工場	埼玉県川口市
	7	ソニー・メディアワールド	東京都港区
98	3	王子製紙・江戸川工場	東京都江戸川区
99	7	岡本硝子	千葉県柏市
	9	山下電気	東京都品川区
2001	2	東日製作所	東京都大田区
02	5	トックベアリング	東京都板橋区
03	9	スタック電子	東京都昭島市
04	6	住田光学ガラス	さいたま市
05	7	ハリマ産業	千葉県松戸市
06	4	三鷹光器	東京都三鷹市
07	7	小松ばね工業	東京都大田区
08	7	リーテム／バイオエナジー	東京都大田区
09	5	池上金型工業・中曽根事業所	埼玉県久喜市
10	6	河野製作所・本社工場	千葉県市川市
11	9	ワインデング福島／協和工業・東金事業所	千葉県東金市
	10	不二製作所	東京都江戸川区
12	7	メトラン	埼玉県川口市
13	6	新日本テック	大阪市
15	7	トヨタ自動車・元町工場	愛知県豊田市
17	7	日本ゼオン・川崎工場、総合開発センター	川崎市
18	6	浜野製作所	東京都墨田区

（注）地方の企業視察は一部省略

どうなる女性天皇、女性宮家　依然根強い保守派の反発

2017年6月に成立した、天皇の退位等に関する皇室典範特例法。衆参両院の委員会が、「安定的な皇位継承を確保するための諸課題」と「女性宮家の創設等」について、政府が速やかに検討し国会に報告することを求める付帯決議をした。

政府は19年10～11月の皇位継承に伴う一連の儀式が終わった後、議論を始める考えだ。有識者から意見を聞きながら検討を進めるものとみられる。

皇室典範は、父方に天皇の血を引く「男系男子」による継承を定めている。皇位継承資格者は、皇嗣である秋篠宮さま（53）、その長男である悠仁さま（13）、上皇陛下の弟である常陸宮さま（83）の3人。常陸宮さまは高齢であることから実質的には2人であり、男系男子にこだわれば、安定的な皇位継承は難しくなる。

皇位継承資格者は3人 ―現在の皇族―

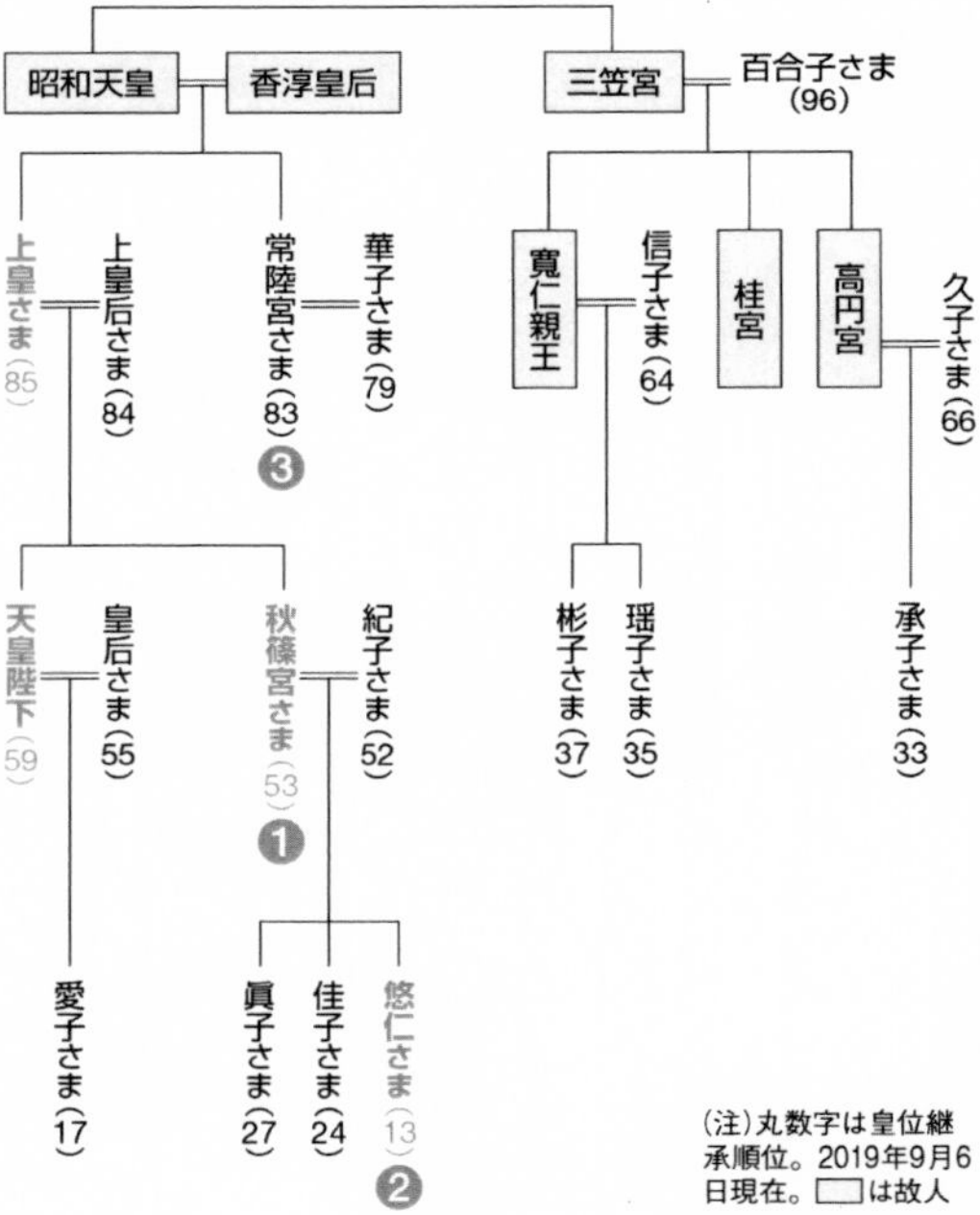

（注）丸数字は皇位継承順位。2019年9月6日現在。□は故人

これまで政治の場では、女性天皇、女系天皇、女性宮家についての具体的議論が2回行われてきた。

小泉純一郎政権時代の2005年に有識者がまとめた報告書では、女性とその子どもの女系にも皇位の継承を認め、皇位の継承順位は男女を区別せずに直系の第1子を優先させるとした。さらに皇族の範囲も拡大し、女性の皇族が皇族以外の人と結婚した場合でも、そのまま皇族にとどまり、夫も皇族になるとした。

歴史上、女系の天皇は1人もいない中、皇室の歴史を大きく転換させる内容だった。しかし与野党だけでなく各界から慎重論・反対論が相次いだ。そのさなかに、秋篠宮妃紀子さまのご懐妊が明らかになり、皇室典範の改正論議は立ち消えになった。

2回目は民主党（当時）の野田佳彦政権時代の12年。皇室典範の改正に向けた「有識者ヒアリング」が行われ、これを踏まえ論点整理が公表された。ここでは、皇族の減少に一定の歯止めをかけるため、女性皇族が結婚後も皇室にとどまれる「女性宮家」を、1代に限り創設することを検討すべきだと指摘。そのうえで結婚した夫や子どもも皇族とする案と、皇族としない案が併記され、さらなる検討が必要だとされた。

だがこの論点整理は白紙に戻る。安倍晋三首相は政権に復帰した直後の13年の国会で、「『女性宮家』の創設は慎重な対応が必要」と述べている。

首相自身は消極的

自民党内で、伝統的皇室像に親しみを持つ保守派を基盤とする安倍首相にとって、男系男子の皇位継承に変更を加えることは避けたい事柄だ。保守層の反発を招けば政権の求心力が失われかねない。

自民党や日本維新の会などの保守派が集まる超党派の日本会議国会議員懇談会は、19年6月に「女性宮家」創設に反対する基本方針をまとめた。「古来例外なく維持されてきた男系による皇位継承の伝統に基づき、男系男子孫による皇位継承が可能となる方策」として、今後、具体的な提言をまとめる。

安倍首相は12年に月刊誌への寄稿で、「女性宮家を認めることは皇位継承の伝統を根底から覆しかねない。女系天皇に反対」と述べている。

政府での検討はこれから始まる。国会が付帯決議で求めた結論はいつになるか。まったく予想がつかない。

（長谷川　隆）

「伝統と因習を履き違えるな」

漫画家・小林よしのり

皇室の存続を願うならば女性天皇、女系天皇を認めるしかないはずだ。

2014年、宮内庁から連絡があって、当時の風岡典之長官と幹部である審議官にひそかに会った。内容は女性天皇の容認、女性宮家の創設についてだった。もちろん宮内庁の2人ははっきりとは言わなかったが、そのときのやり取りから、女性天皇、女性宮家を認めることは、上皇（当時は天皇）のご意志であることを確信した。陛下は皇位の安定的継承が危機的であることに苦悩されており、宮内庁としても何とか突破口を開きたいと考えていると感じた。

17年に成立した皇室典範特例法では、国会の付帯決議で女性宮家の創設を検討することが決められた。にもかかわらず、その議論はこの2年間まったく進んでこなかった。そもそも16年に陛下がビデオで退位表明をされた際、「象徴天皇の務めが常に途切れることなく、安定的に続いていくことをひとえに念じ」とおっしゃった。それは陛下からの問題提起だった。ところが政府も国会も何も手を打ってこなかった。おそるべき怠慢である。

ただし、すでに機は熟している。世論調査では国民の6割から7割が女性天皇や女性宮家に賛成している。即位の礼が19年10月にあり、秋くらいから国会でも議論は確実に進むのではないか。一部の頑強な保守派を除けば、議員も問題の所在がわかっている。

日本会議は男尊女卑

日本会議やその周辺の人々は、「愛国」「尊皇」を口にしつつも実は上皇陛下や天皇陛下のご意向を無視している。こうした保守派が唱える尊皇は、崇敬の対象が天皇そのものではなく、男系という血脈にある。天皇の血筋の中でも、「男の血筋」こそが大事であり、信仰心はそこにある。神武以来、男の血脈が続くことに皇室の価値があると考えている。伝統と因習を履き違えている。

「人間は単なる遺伝子の乗り物だ」と言った学者がいた。その感覚が男系主義者の伝統感覚の中に入り込んでいて、天皇というのは、男系遺伝子の単なる乗り物とか器にすぎないと考えているのではないか。男系を異様に重視するのは、一種のカルトに近い。

女性宮家の創設に反対する人たちからは、旧宮家の男子を皇室に入れるという提案がある。「旧皇族復帰」と呼んでいるようだが、現在の旧宮家は生まれも育ちも最初から民間人であり一般国民だ。実際問題として、市民的自由を捨てて皇族になりたいと思う男子が本当にいるのか。それさえ疑わしい。到底、現実的な解決策にはなりえない。

小林よしのり（こばやし・よしのり）
1953年生まれ。92年連載開始の『ゴーマニズム宣言』は、社会派漫画、思想漫画として話題に。保守派論客として社会的発言を行っている。

天皇制は「日本国憲法」と「歴史」に分けて考えよ

出口治明の私の天皇論

日本の天皇制を語るときには、2つに分けて議論すべきだと考えます。1つは日本国憲法から見た天皇制であり、もう1つは歴史的な文脈から見た天皇制です。現在の国の制度としての天皇制と歴史としての天皇制は区別して考えるべきであり、また歴史を見る場合には、学者による最新の研究を丁寧に追い、神話とファクトを見極めることが重要です。

まず、前者から見てみましょう。日本国憲法第1条は「天皇は、日本国の象徴であり日本国民統合の象徴であって、この地位は、主権の存する日本国民の総意に基く」と規定しています。これは、天皇のあり方は日本国民の総意に基づくものであることを明確に述べており、天皇制を考える際には、これがすべてだといえます。「総意」とは、国民が「こうあってほしい」と願うことを意味します。天皇の地位は国民の総意によるものであって、今後の皇位継承なども国民が決めるということです。

例えば上皇が問題提起された生前退位は、皇室典範には書いてありません。でも、世論やメディアは上皇のご希望を圧倒的に支持しました。つまり、国民の総意が示されたのです。これを受けて、政府は法改正を行い生前退位を可能としました。皇室典範に書いていなくても憲法の示すとおり国民の総意で法改正はできるのです。皇室典範が作られたのは、日本人の平均寿命が50歳台のときです。現在のような少子高齢化は想定されておらず、時代に合っていない内容があるかもしれません。皇室典範は日本国憲法の下にあるので、「国民の総意」に従って不断に見直されるべきでしょう。

天皇制を時系列に見ると、大きく3つに分けられます。1つは明治以前、次に大日本帝国憲法（明治憲法、第一立憲政）、そして日本国憲法での天皇制（第二立憲政）です。日本は立憲君主制の国です。ただし、同じ立憲君主制でも2つの憲法では制度の内容が異なります。例えばフランスの第一共和政と第五共和政は、同じ共和政でも大きく異なることを考えればわかりやすいでしょう。

この中で、昭和天皇は2つの憲法が定める異なる天皇制をともに経験された。在任期間のすべてを象徴天皇として職責を果たされたのは現在の上皇からです。上皇は象徴天皇のあり方をずっと模索されてこられたのでしょう。その中で、国民の中に入って励ますといった行動が象徴天皇としての職責の1つと思われたのかもしれません。いわば象徴という言葉の見える化をなされたわけです。こうして、上皇は象徴天皇のあり方をつくられたのです。日本国憲法が定める象徴天皇制は上皇で1つの形がつくられ、そして天皇へと引き継がれました。

日本国を造った持統天皇

次に歴史から天皇制を見てみましょう。つまり明治以前の話です。神武（じんむ）天皇から始まるとされる天皇制ですが、血統のつながりから見て実在が確実視されるのは26代の継体（けいたい）天皇（在位507?～531?）からというのが学者の多数説です。継体天皇から701年に制定された大宝律令までの天皇は、有力な豪族を抑える力量を持つ男女の成人が即位していました。

古代と律令制の天皇をつなぐのは持統天皇（鸕野讃良（うののさらら）、在位690～

697年)、天武天皇の皇后だった人です。天武天皇との子・草壁皇子を次の天皇に即位させようとしましたが病死してしまいます。そこで草壁皇子の子である軽皇子(かるのみこ)を即位させようとしますが、当時わずかに7歳。年齢的に無理があるため、彼女が天皇として即位します。

そして、軽皇子が15歳になると文武(もんむ)天皇として即位させます。幼帝の始まりです。孫に跡を継がせるのは、『日本書紀』のニニギノミコトがアマテラスの命令で高天原(たかあまはら)から地上に降臨したという天孫降臨伝説と符合します。

当時、天皇(大王)は有力豪族との合議で決められるという側面がありました。幼い文武を即位させるため、記紀神話に「天照大神=持統天皇」と思わせる記述を潜り込ませたとも考えられます。「アマテラスは孫に継がせた。同様に持統天皇も孫の軽皇子に位を継がせる」と言いたかったわけです。この関係は、次代の元明(げんめい)天皇と聖武(しょうむ)天皇にも当てはまります。

もしアマテラス=持統天皇であれば、日本という国を実質的に造り上げたのは持統天皇だったと考えられるのです。この時代に「天皇号」や「日本という国号」も成立しています。『古事記』『日本書紀』も編纂されました。藤原宮のように、恒久的な都も造成されました。そして律令制が公布されました。一連の政策は、唐や新羅に対抗するためのものでした。唐が衰えると、村上天皇を最後に江戸後期の光格天皇が復活させるまで天皇号は使われなくなります。

そして孫に天皇の座を譲った持統天皇は初の上皇（太上天皇）になります。上皇になっても天皇のときと変わらず、政治を行いました。持統天皇は『日本書紀』では「深沈有大度」と記されており、深く物事を考えることができて、度量がとても大きい人物であったと評価されているのです。奈良時代の皇族、文人である淡海三船（おうみのみふね）が後に諡号（しごう）を贈ったとき、「継体持統」という熟語を2人のキーパーソンに与えました。

持統天皇の政治には、1つのロールモデルがありました。海を越えた唐の女帝・武則天（ぶそくてん）です。武則天が信頼できる側近・狄仁傑（てきじんけつ）とともに政治を行ったように、持統天皇は藤原不比等を登用します。藤原不比等はのちに、文武天皇に娘である宮子を嫁がせて聖武天皇が生まれたので外祖父となります。これ以降、藤原氏はとくに、平安時代の良房（よしふさ）・基経（もとつね）から、娘に天皇のお世継ぎを産ませることで権力を長らえ続けようとします。

摂関政治を維持できたのは、藤原氏内の激しい権力争いのためです。つまり、誰かの娘には皇子が生まれたのです。そんな肉親同士の争いを浅ましいと考えた藤原道長はいち早く政界から引退、藤原頼通（よりみち）に摂関の座を譲ります。ところが、身内の争いをやめ、頼通の娘に子どもができなくなることで摂関政治は終焉を迎えたのです。

上皇は当たり前の姿

170年ぶりに藤原氏を母としない後三条天皇（在位1068～73年）が即位すると、藤原氏はかつての影響力を失います。そして、その子の白河上皇から院政が始まります。この院政というシステム、すなわち上皇が権力を握る仕組みはずっと続きます。1221年の承久の乱で、鎌倉幕府の執権・北条義時に討伐の兵を挙げた後鳥羽上皇は破れます。その後、武士が実質的に天皇を選ぶ時代になりましたが、上皇・天皇というシステムはそのまま残ります。歴史から見れば上皇と天皇がともに存在するというのが普通の姿であり、それこそが日本の伝統であるともいえます。
また江戸時代にも女性天皇が存在し、女性だからと天皇即位を忌避することはありませんでした。また、日本の長い歴史全体を見ると、天皇が政治権力を握っていた時代は意外なほど短かったことも確かです。むしろ、権力を持っていなかったからこそ、天皇制は長く続いたのかもしれません。跡継ぎが途絶えそうになったときは養子を迎え入れており、これは男系を続けようとしたとみえなくもありませんが、女性天皇の存在は天皇の歴史においてはとくに不思議なことではなかったように思われます。いずれにせよ、歴史としての天皇制は学者が客観的、科学的に論じるべき問題でしょう。

【週刊東洋経済】

出口治明（でぐち・はるあき）
1948年三重県生まれ。京都大学法学部卒。専攻は憲法。ライフネット生命保険株式会社創業者。2018年から現職。

本書は、東洋経済新報社『週刊東洋経済』2019年9月14日号より抜粋、加筆修正のうえ制作しています。この記事が完全収録された底本をはじめ、雑誌バックナンバーは小社ホームページからもお求めいただけます。

小社では、『週刊東洋経済 eビジネス新書』シリーズをはじめ、このほかにも多数の電子書籍ラインナップをそろえております。ぜひストアにて「東洋経済」で検索してみてください。

『週刊東洋経済 eビジネス新書』シリーズ

No.304 自動車 乱気流

No.305 不動産バブル 崩壊前夜

No.306 ドンキの正体

No.307 世界のエリートはなぜ哲学を学ぶのか

No.308 AI時代に食える仕事・食えない仕事

No.309　先端医療ベンチャー
No.310　最強私学　早稲田 vs. 慶応
No.311　脱炭素経営
No.312　5G革命
No.313　クスリの大罪
No.314　お金の教科書
No.315　銀行員の岐路
No.316　中国が仕掛ける大学バトル
No.317　沸騰！再開発最前線
No.318　ソニーに学べ
No.319　老後資金の設計書
No.320　子ども本位の中高一貫校選び
No.321　定年後も稼ぐ力
No.322　ハワイ vs.沖縄　リゾートの条件

週刊東洋経済eビジネス新書　No.334
日本史における天皇

【本誌（底本）】
編集局　長谷川　隆、福田恵介、印南志帆
デザイン　杉山未記
進行管理　三隅多香子
発行日　2019年10月19日

【電子版】
編集制作　塚田由紀夫、長谷川　隆
デザイン　市川和代
制作協力　丸井工文社
発行日　2020年6月22日　Ver.1

発行所　〒103-8345
東京都中央区日本橋本石町1-2-1
東洋経済新報社
電話　東洋経済コールセンター
03（6386）1040
https://toyokeizai.net/
発行人　駒橋憲一

電子書籍化に際しては、仕様上の都合などにより適宜編集を加えています。登場人物に関する情報、価格、為替レートなどは、特に記載のない限り底本編集当時のものです。一部の漢字を簡易慣用字体やかなで表記している場合があります。本書は縦書きでレイアウトしています。ご覧になる機種により表示に差が生じることがあります。

※本刊行物は、電子書籍版に基づいてプリントオンデマンド版として作成されたものです。